Dieter Kronzucker

ASIEN

NAUMANN & GÖBEL

Naumann & Göbel Verlagsgesellschaft mbH in der
VEMAG Verlags- und Medien Aktiengesellschaft, Köln
Bildbeschaffung: Sonja Rausch und Hannelore Voderhuber,
Silvestris Fotoservice, Kastl
Redaktion: Joachim Schwochert
Gesamtherstellung: Naumann & Göbel Verlagsgesellschaft, Köln

3-625-10554-3

INHALT

VORWORT

DER FERNE OSTEN RÜCKT UNS NÄHER

Auf der Terrasse die gesammelten Eindrücke festzuhalten – das ist der entspannte Teil meiner zahlreichen Arbeits-Reisen in die Welt Asiens. Die riesigen Entfernungen zu bewältigen, die zahllosen Gespräche, die aufwendigen Verhandlungen für Drehgenehmigungen, die oft diffizilen Recherchen und die Dreharbeiten in der drückenden Hitze – das geht den Filmen, das ging diesem Buch voraus. Auf der vorangehenden Doppelseite: der Victoria-Hafen in Hongkong.

Meine erste Begegnung mit Asien war eine Ansichtskarte im Wartezimmer meiner Kinderärztin. Das schon etwas vergilbte Foto hing neben allerlei Rezepten und zeigte einen leise lächelnden Buddha vor einem ruhig dahinziehenden Fluß. Diese Ansicht hat mich begleitet und beeinflußt und mir auch irgendwo als Maßstab gedient in den späteren Begegnungen mit Asien. Den leise lächelnden Buddha habe ich in fast allen Ländern gesehen, aber am eindrucksvollsten in Myanmar, dem früheren Burma. Die ruhig dahinziehenden Flüsse Asiens entspringen fast alle auf dem Dach der Welt, im Himalaja, aber der Mekong hat es mir besonders angetan. Vergilbt, wie das Foto war, gab es doch den Grundton wieder, wie er zu unserer überholten und voreingenommenen Vorstellung von Asien gehörte, insbesondere von Japan als Inbegriff der »gelben Gefahr« – ein verbales Instrument politischer Propaganda, das noch heute seine Wirkung zeitigt.

Denn selbst bei oberflächlicher Betrachtung stimmte diese Farbenlehre nie: Die Ureinwohner gerade auf einer der Inseln Japans, die Ainu, sind dunkel, die Brahmanen im Norden Indiens eher hellhäutig, und schließlich gibt es seit dem Beginn der Kolonialzeit auch weiße Asiaten. Natürlich sind nicht alle Flüsse erhaben und träge, sondern springlebendig und immer häufiger auch ölverschmiert. Und Buddha muß sich das Glaubensvolk teilen mit Konfuzius und Mohammed, mit Brahma, Schiwa und Wischnu und auch mit Christus. Die junge Generation gar

hat den Glauben zusammen mit der Tradition gänzlich abgeschüttelt. Sie tanzt oder besser tobt nach westlichen Rhythmen oder ahmt in dem von Japanern erfundenen Sing along, Karaoke genannt, ihre Stars nach. Das Wort »vergilbt« schließlich paßt überhaupt nicht mehr zu Asien – heute der Kontinent mit dem größten wirtschaftlichen Wachstum der Welt. Japan hat zunächst alle Welt nachgemacht, um ihr dann etwas vorzumachen, und zwar nicht nur in der Produktion, sondern auch in der Sozialpartnerschaft. Der Stadtstaat Singapur und die britische Kronkolonie Hongkong stellen unter Beweis, zu welchen Leistungen Chinesen fähig sind, wenn ihnen die Kombination zwischen Ordnungssinn und Fortschrittsdrang gelingt.

Und seit der große Reformer Rotchinas, Deng Hsiao Ping, seine Landsleute dazu aufrief, »viele Hongkongs« zu schaffen, setzt das Reich der Mitte zu jenem großem Sprung nach vorn an, der unter Mao Tsetung ausgeblieben war. Alle Welt buhlt nun um diesen riesigen Markt. Man stelle sich vor: Im Jahr 1993 besaßen 0,1 Prozent aller Einwohner ein Auto. Wenn bald 1 Prozent der Chinesen ein Auto kaufen können, wären das 12 Millionen Kraftfahrzeuge und schon bei dieser Zahl Staus ohne Ende. Wenn sich China nicht in der Politik verheddert oder an inneren Spannungen erkrankt, wird es durch schiere Eigenschwere die Nachbarn in einen Sog ziehen und sich in der Welt auch ohne Säbelrasseln Gehör verschaffen.

Asien – als eine Gesamtheit ist dieser Kontinent nicht zu erfassen. Asien ist so vielschichtig, so komplex und so heterogen, kein Buch kann mehr als Impressionen beitragen. Die buddhistische Statue aus Laos, der thailändische Buddha-Tempel, die jungen Pioniere aus Peking oder die Tokioter Studenten: schon diese vier Bilder verweisen auf eine immense kulturelle Bandbreite.

Seitdem die kleine portugiesische Kolonie Macao am 20. Dezember 1999 an China zurückgefallen ist, ist das koloniale Zeitalter endgültig abgeschlossen. Seitdem macht der Ferne Osten völlig souverän dem Westen Konkurrenz. Immerhin haben die Briten den Indern und Malaien den Parlamentarismus hinterlassen. Die Amerikaner haben ihre Demokratie den Philippinen und Japan aufgedrückt. Südkorea und Taiwan sind ins demokratische Lager gefolgt. Thailand hat sich als eine der wenigen Nationen in Asien ohne Fremdeinflüsse auf den Weg der Demokratie begeben und lebt doch gleichzeitig fast in einem Belagerungszustand. Die Belagerer aus dem Westen kommen aber nicht mit Waffen, sondern mit und ohne Badehose. Gerade in Thailand ist uns Deutschen der Ferne Osten am nächsten gekommen, weil dieses liebenswürdige, dienstfertige und geschäftstüchtige Volk »die Langnasen« aus dem Westen am besten aufgenommen hat. Mit geringen Ausnahmen – Nordkorea und Burma – sind jetzt aber alle Asiaten entweder auf den westlichen Urlauber erpicht oder zumindest bereit, ihn zu ertragen. Der Weg bis zu dieser Annäherung führte über viele Jahrhunderte und grobe Mißverständnisse.

Ein paar Namen aus der Vorgeschichte sind uns bekannt: Alexander der Große, den seine Eroberungen bis zum Indus führten. Marco Polo, der es bis an den Hof des chinesischen Kaisers schaffte. Vasco da Gama, der den Seeweg nach Indien fand. Sir Raffles, der das Geld in Singapur raffte. Sven Hedin, der die Seidenstraße erforschte und beschrieb. Marx und Engels, die ihre Ideologien nach Asien exportierten und die dort so gar nicht hinpaßten. Johnson und Nixon, die in Indochina eine bittere Niederlage einstecken mußten. Strauß und Kohl, die Chinas schließliche Öffnung als Vorboten »großer Veränderungen unter dem Himmel« sahen, wie ein chinesisches Sprichwort sagt.

Der vielfältigste Kontinent war Asien allemal, jetzt ist er auch meist komfortabel zu erreichen. Dort aber, wo es noch nicht so einfach geht, ist Asien um so interessanter. Ich stelle mir allerdings den Buddha vom vergilbten Foto jetzt mit einem Computer auf den Schoß vor, und auf dem majestätisch dahinziehenden Fluß sehe ich keine Kriegsschiffe, sondern Ausflugsboote. Asien ist sicherlich der bilderreichste Kontinent der Welt. Lassen wir die Vielfalt der Bilder auf uns wirken.

Unvorstellbare Armut und ebensolcher Reichtum, üppiger Dschungel und weite Steppen, pulsierende Millionen-Städte und weltabgeschiedene Dörfer – noch oft ist den Menschen der westlichen Hemisphäre die Vielgestaltigkeit Asiens nur in Gegensatzpaaren vertraut, spuken in den Köpfen noch viele alte Vorstellungen und Vorurteile. Doch nicht zuletzt durch den immer weitreichenderen Tourismus und die expansiven wirtschaftlichen Verflechtungen entwickelt sich die Annäherung – langsam, doch stetig.

DIE SEIDENSTRASSE

WEG DER BEGEGNUNGEN

Die Seidenstraße begleiten ebenso viele Legenden wie historisch gesicherte Erkenntnisse. Der einstige Transportweg für die wertvollen Stoffe hat immer noch seine Bedeutung als Verbindung zwischen Okzident und Orient.
Die Kamele – jahrhundertelang das Haupttransportmittel der Karawanen – sie laufen immer noch durch den Sand der Takla-Makan-Wüste. Doch inzwischen sind es vor allem die Touristen aus dem Westen, die der Romantik vergangener Abenteuer entlang der Seidenstraße nachhängen.
Die Festung bei Jiayuguan (rechts) zeigt, daß in früheren Zeiten die wirtschaftliche Bedeutung des Wüstenweges die Mächtigen zu aufwendigen Sicherungsbauten in der kargen, abgelegenen Landschaft animierte.

Am Rande der großen Oase Dunhuang liegt der kleine Mondsichelsee. An seinem Ende hat sich der Wüstensand zu einer gewaltigen Düne aufgetürmt. Am frühen Morgen schon bieten dort Kameltreiber eine Gipfeltour an. Die eher schaukelige Angelegenheit lohnt sich. Denn von der Düne am Mondsichelsee kann man in der Wüstenei die Paßtore ausmachen, die das Ende der großen Mauer markieren. Sie war 5 700 Kilometer lang. Wer über Dunhuang hinausritt, der gab nicht nur den Schutz der Mauer auf, sondern verletzte auch Gesetze des Kaisers, der seinen Untertanen verboten hatte, das Reich zu verlassen. Eine Grenzfestung nahebei ist bis heute erhalten. Ein Schutzwall von 37 Metern Länge und 9 Metern Höhe umgibt sie. Zwei wehrhafte Tore bilden die Zugänge. Es ist eine Feste wie aus der fernöstlichen Legende.

Sie wird denn auch von der Filmindustrie gern als Kulisse benutzt. Als ich im September 1993 Dunhuang besuchte, drehten die Japaner gerade eine große Dokumentation über die Seidenstraße. Denn der Inselstaat am äußeren Ende Asiens betrachtet diese frühe Nabelschnur zwischen Morgenland und Abendland auch als sein Erbe.

Eigentlich war die Seidenstraße immer nur ein Saumpfad für wagemutige Händler und Pilger. Aber die Archäologen und Historiker sehen heute in dem Karawanenweg eine frühe Kulturbrücke zwischen dem fernen Osten und der Zivilisation am Mittelmeer.

»Freibeuter der Wissenschaft« hat man sie schon zu Recht genannt, die frühen Entdecker, die Kunstschätze aller Art, selbst wertvolle Wandmalereien aus den Orten entlang der Seidenstraße in ihre europäische Heimat verschleppten. Doch auch die Rolle der chinesischen Roten Garden war wenig rühmlich, was das Schicksal der unvergleichlichen Kulturgüter angeht: Die Moscheen, Klöster (rechts: das Felsenkloster bei Mogao) und Gärten gaben sie dem Verfall anheim. Die Menschen, die in den Orten wie Dunhuang, Kashgar oder Turfan leben, sind deshalb den Touristen der Gegenwart gar nicht gram, hilft deren Interesse doch mit, die Zeugnisse der Vergangenheit zu bewahren.

Die kleinen Hotels in Dunhuang, von denen keines einen Stern verdient, werden von Wissenschaftlern, Abenteurern und auch schon Pauschaltouristen frequentiert. Heute wie damals ist Dunhuang eine Karawanserei. Hier beginnt der Treck durch die große Wüste Takla Makan – nach der Sahara die größte Einöde der Erde. Wo Gott eine so unbarmherzige Natur geschaffen hat, rufen die Menschen alle Schutzheiligen zu Hilfe und errichten ihnen Heiligtümer, wie auch in Dunhuang. Da herrschen die Bodhisattvas, die Schutzheiligen des Buddhismus, das sind eigentlich schon Überirdische, die sich durch ihren Lebenswandel das Jenseits verdient haben, aber noch ein wenig auf der Erde verweilen.

Das Kloster von Dunhuang mit seinen tausend in den Fels geschlagenen Kammern war eine Schatzgalerie mit Hunderten solcher Bodhisattvas und 45 000 Quadratmetern Malerei. Aber die meisten Wandmalereien hängen heute in den Museen von Petersburg und Berlin, von Stockholm und London. Von dem Schweden Sven Hedin über den Briten Aurel Stein bis zu dem deutschen Hugenotten Le Cocq haben europäische Forscher über die Jahrhundertwende in den Oasen geräubert. Ich empfand es wie einen berechtigten Racheakt, daß die Chinesen heute für das Fotografieren in den Grotten nahe Dunhuang mehrere hundert Mark verlangen. Die ältesten Papierrollen aus dem ehemaligen Kloster lagern als wertvolles Raubgut im Britischen Museum in London. Die Kunst der Papierherstellung kommt aus Zentralchina, genauso wie das Schießpulver und das Porzellan. Noch heute kann man in den Oasen an der Seidenstraße sehen, wie Papier aus der Rinde des Maulbeerbaums gestampft, gemahlen, gebunden, in Wasser ausgelaugt und schließlich getrocknet wird.

Die größte der vielen Ruinenstädte an der Seidenstraße ist Gaochang, eine chinesische Gründung, zwischendurch vom räuberischen Volk der Tibeter besetzt und schließlich von den Horden Dschingis-Khans zerstört. Die sechs Monate lange Belagerung Gaochangs durch 120 000 Mongolen und die heldenhafte Verteidigung der Stadt im Jahre 1275 gehören zum Legendenschatz der Seidenstraße. Noch immer sind die Ruinen von Gaochang von einer sechs Kilometer langen Stadtmauer umgeben – eine Mauer, die elf Meter hoch und zwölf Meter dick ist. Hier kann man noch ungestört seinen Gedanken nachhängen, denn Besucher sind selten. Das einzige restaurierte Gebäude in Gaochang ist das Haus, in dem der Herrscher der Stadt den Mönch Huang Tsang viele Monate festgehalten hat, seiner Weisheit wegen. Von hier ging der fromme Pilger vor dreizehnhundert Jahren auf große Reise in den Westen. In der chinesischen Märchenwelt ist dieser Huang Tsang eine überragende Figur. Denkmale an der Seidenstraße sind seinem Gefolge gewidmet, ein weiser Affenfürst, Kobolde, Feen, Elfen und alle möglichen Dämonen. Sie helfen über alle Hindernisse in der Wüste Takla Makan hinweg.

Meine Expedition hingegen war auf die Technik angewiesen. Unsere Wüstenführer konnten Lastkraftwagen vom nahegelegenen Atomversuchsgelände Lop Noor ausleihen. Vieles ist heute in China recht unproblematisch, was man früher nicht für möglich gehalten hätte. Wir beluden die Laster mit Proviant und Campingausrüstung für eine Fahrt mitten in die Wüste hinein.

Dort begegneten uns nur noch einige Wanderhirten. Eine Nomadenfrau mit Namen »Mondblüte« wies uns den Weg über ein ausgetrocknetes Flußbett zur Burgruine von Mazar Tagh. Die Wissenschaftler in unserer Begleitung datierten sie auf die Zeit um 500 n.Chr. zurück und entnahmen dem Baustil, daß die damals räuberischen Tibeter sie gebaut hatten: Wir hatten es also tatsächlich mit einer Raubritterburg zu tun. Dahinter erstreckt sich ein Meer von Sand. Tatsächlich erzählen Muschelbruch und andere Versteinerungen von Meerestieren, daß diese Wüste einmal zu einem Ozean gehörte. »Samtfluß« nennen die Nomaden den Strom der Wüste.

Rund 50 Kilometer von dem Oasenort Turfan entfernt liegt die einstige Hauptstadt des Uiguren-Reiches Gaochang. Die Ruinen der Stadt, die zahlreiche Wissenschaftler anlockten, zeigen das nebenstehende Bild und die Fotografie auf Seite 19 unten.
Bedeutsame Funde brachte bereits auch die erste Expedition nach Turfan 1902 zu Tage: Die Archäologen fanden zahlreiche Skulpturen, Terrakotten, Wand- und Buchmalereien. Die Emin-Moschee in Turfan zeigt das Bild auf Seite 19 oben.

Ein langgehütetes Geheimnis, das erst im Mittelalter ins Abendland gelangte: die Seidenherstellung. Die Larve des Seidenspinners kurz vor der Verpuppung zeigt das Bild unten; daneben die Sortierung der einzelnen Kokons und oben ein Blick in eine Seidenfabrik im chinesischen Suzhou.

Am Südrand dieser zweitgrößten Sandfläche der Erde treffen wir auf einen Ort, der den Ursprung des Namens »Seidenstraße« deutlich macht. Überall sind Seidenweber an der Arbeit. Da erfahren wir: Wenn die Raupe sich an den Blättern des Maulbeerbaumes vollgefressen hat, verpuppt sie sich und spinnt sich in etwa 30 Tagen völlig ein. Dann zieht man der Puppe den Faden wieder. Ein Kokon allein ergibt einen bis zu einem Kilometer langen Faden. Seide hat schon in alter Zeit die Händler reich gemacht. Auf den Verrat des seidenen Geheimnisses stand einst die Todesstrafe. Tatsächlich hat erst im Mittelalter ein Mönch gewagt, in seinem Krückstock verborgen, die Raupe und ihren Lieblingsfraß, das Maulbeerblatt samt Samen, ins Abendland zu schmuggeln. Mit dieser Konterbande fiel der Kaufwert der Seide, die bis dahin in Rom und Byzanz mit Gold aufgewogen wurde.

Den Namen der Seidenstraße aber hat der große Karawanenweg zwischen den Supermächten des Altertums und des frühen Mittelalters, zwischen China, Rom und Byzanz also, erst vor 100 Jahren erhalten. Der Namensgeber war der deutsche Geograph Baron Ferdinand von Richthofen. Der deutsche Forscher und Hochschullehrer, der selbst zahlreiche Reisen nach China unternommen hatte, zählte zu seinen Schülern an der Universität Berlin auch den Schweden Sven Hedin. Hedin machte in seinen wissenschaftlichen Abenteuerromanen den Namen »Seidenstraße« populär. Ein Begriff, der ein wenig verdrängt, daß die großen Karawanen auch mit Gold und anderen Edelmetallen, mit Elfenbein, Korallen, Bernstein, Gewürzen und Waffenladungen unterwegs waren. Sven Hedin selbst hat im Sand der Wüste Takla Makans gar manch wertvollen, historischen Schatz gehoben.

Nicht die Seidenballen allein waren die Schätze, die über den berühmten Karawanenweg transportiert wurden. Porzellan, Keramik, Elfenbeinschnitzereien und zahlreiche andere Waren wurden ebenso auf die Rücken der Kamele geladen und im Okzident mit großen Gewinnen verkauft.

In der »Wüste ohne Wiederkehr«, der Takla-Makan-Wüste, liegen die Baezaeklik-Höhlen, die auch als »Höhlen der tausend Buddhas« bekannt sind. Auch sie haben unter europäischem Forscherdrang arg gelitten. Das Bild unten zeigt eine islamische Begräbnisstätte.

Von den Archäologen am höchsten eingeschätzt, ist jedoch die Kunst, die sich entlang der Seidenstraße entwickelt hat. Durch ständigen Austausch, vor allem zwischen Indien und China, entstand eine buddhistisch geprägte Kultur, die in aller Welt Bewunderung hervorrief. Ein Kapitel für sich ist dabei das Kloster Baezaeklik. Eine von dem deutschen Stahlmagnaten Krupp finanzierte Expedition hat hier alle gut erhaltenen Fresken aus den Wänden gesägt. Ein großer Teil dieser Kunstschätze wurde bei einem Luftangriff auf Berlin im Jahre 1943 zerstört. Die deutschen Touristen, die seit einiger Zeit auf der Seidenstraße reisen dürfen, vernehmen es mit einem Anflug von schlechtem Gewissen. Aber sie können sich damit trösten, daß die Roten Garden im kommunistischen China später noch viel zügelloser vorgegangen sind. Sie haben dabei nur vernichtet und nicht bewahrt. Wenn es irgendwann einmal zu einer weltweiten Entflechtung der Kunstschätze kommt, hat die hohe Kunst der Seidenstraße aber zumindest in den Museen des Auslandes ein gepflegtes Zwischenlager gefunden.

Eine Reise entlang der Seidenstraße ist sicherlich ein herausragendes Kulturabenteuer der Gegenwart. Zur Romantik gehört eine gelegentliche Reifenpanne oder Durststrecke, eine Begegnung mit ungewohnten Tierchen und exotischen Eßgewohnheiten. Ab und an auch sperren die Behörden die einzige Straße, wenn sie gerade Gefangenentransporte in die riesigen Strafkolonien am Rande der Wüste begleiten. In der Zeit der Kulturrevolution, als die Roten Garden herrschten, war das der Archipel Gulag Chinas. Für viele traf dann der Name Takla Makan zu, er heißt auf deutsch übersetzt: »Wer hineingeht, kommt nicht wieder heraus.«

Die trockene Hitze der Wüste hat vieles bewahrt, was von den Raubrittern der Vergangenheit verschont geblieben ist. Vor allem buddhistische Schriften waren es, die geradezu einen Wettlauf der Expeditionen auslösten. Die Baezaeklik-Höhlen, oben und links zu sehen, gehörten ebenso zu den Zielen.

Durch die autonome Uiguren-Region in Sinkiang führt die Expedition mit den Kamelen auf den K 2 zu. Der K 2 ist mit 8611 Metern der höchste Berg des Karakorums und der zweithöchste der Welt. Die Erstbesteigung gelang im Jahre 1954. Rund 13 Millionen Menschen leben in der Uigurischen Region, die sich durch extrem trockenes Klima auszeichnet. Neben Weidewirtschaft und Seidenraupenzucht wächst die Bedeutung der Industrie als Wirtschaftsfaktor mählich.

In der Nähe der Strafkolonien liegt die Stadt Korla. Sie ist ein Produkt der sozialistischen Planwirtschaft und wirkte auf mich um so häßlicher, nachdem ich von den anmutigen Oasenstädten und den herrlichen buddhistischen Fundorten verwöhnt war. Eine Überraschung in der Wüste ist dann hinter Korla der Bostensee, immerhin 980 Quadratkilometer groß. Aus der Ferne wirkt dieser See wie eine Fata Morgana, eine Täuschung der Sinne. Auf der immerhin 2000 Kilometer langen Strecke entlang der Wüste verfügt Korla über eines der wenigen Hotels. Uns hat es nicht nur mit einem Spruch in deutscher Sprache: »Willkommen Wüstenexpedition«, begrüßt, sondern mit einem Gastmahl regionaler Spezialitäten: ein ganzer Widder am Spieß, Lammgulasch, Pitabrot, Aprikosen, grüne Rosinen und Granatäpfel. Dazu und danach erlebten wir einen Ausschnitt einer Art Musical, das angeblich 24 Stunden dauert und 340 Nummern enthält. Musik gehört ebenfalls zum Kulturgut der Seidenstraße. Die Ethnologin Dr. Quing Doan flüsterte mir während der Aufführung zu: »Wie die Raupe sich in einen Kokon aus Seide spinnt, so wickeln sich die Menschen in ein Gespinst aus musikalischen Fäden und Gedanken.«

Hinter Korla trafen wir auf eine Pilgergruppe. Sie betrachtet die Wanderung von Oase zu Oase als eine Art Kreuzweg von einer Lebensstation zur nächsten. In Khotan, der meiner Meinung nach interessantesten Stadt am Rande der Wüste Takla Makan, pflegen die Handwerker und Bauern allesamt noch die alten Traditionen. Seide und Baumwolle, Steinschliff und Jade, Körbe und Keramik, dazu die feinste Teppichweberei. Zwischen 13 und 17 Linien pro Tag wirken die Weberinnen, sechs Wochen dauert es, bis ein kleiner Teppich fertig ist. Die Frauen, die über den Hosen immer noch hochgeschlagene Röcke tragen, sind allesamt Uiguren. Von den vielen Völkerschaften, die über die Seidenstraße zogen, waren die Uiguren die seßhaftesten. Heute bestimmt dieses Turkvolk die Bevölkerungsmischung in den Oasen beiderseits der Takla-Makan-Wüste. Das Uigurische hat eine seltsame Sprachverwandtschaft mit den Sprachen von Korea und Finnland. Auch das zahlenmäßig kleine Volk der Mongolen hat das Alphabet der Uiguren übernommen.

Unter dem größten Mongolenherrscher, Dschingis-Khan, erlebte die Seidenstraße einen ungemeinen Handelsaufschwung. In seinem mit blutiger Hand erzwungenen Großreich gab es keine Grenzen und Zölle mehr. Sein Enkel Kublai-Khan verlegte die Hauptstadt der Mongolen aus dem abgelegenen Karakorum in der Mongolei in die Mitte Chinas, nach Peking selbst. Kublai-Khan herrschte von Sumatra bis Ungarn, der größte Vielvölkerstaat, den die Welt je gesehen hat. Es war das China der Mongolen, das der Venezianer Marco Polo besucht hat und an deren Hof er gastfreundlich aufgenommen wurde.

Von der allesbeherrschenden Kavallerie der Mongolen blieb heute der größte Pferdemarkt Asiens in der chinesischen Grenzstadt Kashgar. Diese Stadt überfällt den Fremden mit Gerüchen und Gewürzen, mit einer altertümlichen Lebensweise und einer zur hohen Kunst entwickelten Feilscherei. Ich habe Kashgar 1993 besucht, als die Mudschaheddin, die fanatischen Moslemkämpfer aus Afghanistan, ihre Glaubensbrüder an der Seidenstraße zum Aufstand aufstacheln wollten. Noch konnte die chinesische Zentralregierung Ruhe und Ordnung wiederherstellen. Bei einem heftigen Erdbeben im März 1996 hat die überlebensgroße Mao-Statue in der Grenzstadt aber Schaden genommen – ein symbolhafter Fingerzeig der Natur? In Kashgar erschöpft sich die Takla-Makan-Wüste an den Abhängen des Pamir-Gebirges. Hier auch endet die chinesische Einflußsphäre. Von Kashgar führt die Seidenstraße auf das Dach der Welt. Erst hinter dem großen Gebirge formierten sich früher die Karawanen neu, um über Samarkand und Buchara bis nach Antiochien zu ziehen, dem ersten Hafen am Mittelmeer.

Rund 140 000 Menschen leben in dem Karawanenstützpunkt Kashgar (alle Bilder). Die Stadt, die rund 1300 Meter über dem Meeresspiegel liegt, bildet einen wichtigen Handelsplatz und eine bedeutsame Etappe auf der Seidenstraße. Da Kashgar Zentrum eines ausgedehnten Bewässerungsgebietes ist, hat sich hier bereits vor geraumer Zeit eine Oase inmitten des sonst eher kargen Tarimbeckens herausgebildet.

HIMALAJA

Himmelsburg und Hindernis

Pamir und Thien-Shan, Hindukusch, Karakorum, Kunlun und dazu die 2 000 Kilometer lange Schleife des Himalaja – in Asien ist die Welt dem Himmel am nächsten. Tatsächlich befinden sich die von Menschen bewohnten Hochtäler im Himalaja auf durchschnittlich 4 500 Metern Höhe – so hoch wie Europas höchste Alpengipfel. Die Abgeschlossenheit von der Umwelt, die Nähe zu Gott hatten den Glauben und den Glaubensritus zu Begleitern der Menschen gemacht, von der Geburt bis zum Tode. Gebete und Gebetsmühlen, Mönche und Klöster begegnen den Besuchern auf Schritt und Tritt. Bis ins 19. Jahrhundert waren es nur wenige, die in dieser geschlossenen Religionsgemeinschaft willkommen waren oder überhaupt Einlaß fanden.

Dem Himmel näher – das Karakorum-Massiv in Pakistan (links) und die übrigen Gebirgszüge sind im wahrsten Wortsinn »erhaben«. Etwas Prägendes geht hiervon sicherlich auch auf die Geisteshaltung der Menschen über: Im nepalesischen Patan wurde die Buddha-Statue aufgenommen, im Tal des Kathmandu der Yogi (unten). Einen Blick in tibetische Klöster eröffnen die beiden anderen Bilder.

Bei den gerade im Westen sehr beliebten Trekking-Touren sind die Yaks, oben und rechts zu sehen, die favorisierten Lasttiere. Damit die Anstrengungen zu bewältigen sind, haben die Sherpas, die oft die Touren begleiten, selbst für einen Koch gesorgt (ganz rechts). Den Mount Everest zu besteigen ist jedoch eine Herausforderung, die auch Trainierte vor eine immense Aufgabe stellt.

Der österreichische Bergsteiger Herbert Tichy kam das erste Mal als Pilger getarnt, und er kam immer wieder: »Denn aus Erfahrung wußte ich, daß ich dort ein Glück und eine Zufriedenheit finden werde, die mir in diesem Ausmaß ein zivilisiertes Leben versagte.«

Trotz der tausend Klöster – einige von ihnen, wie der Potala-Palast in Lhasa, mit wiederum tausend Räumen – verehren die Bergbewohner die Natur noch mehr. Ihr größtes Heiligtum ist der Kailas, der Weltberg am Mansarowarsee. Oder der Khunbuyullha, der Berg, auf dem der Khunbu wohnt, die regionale Gottheit der Sherpas. Die Sherpas sind eigentlich eine regionale Volksgruppe. Weil sie aber meist als Führer und Helfer der ausländischen Bergsteiger dienen, ist ihr Name zu einer regelrechten Berufsbezeichnung geworden. Sie betrachten es mittlerweile als Ehrensache, auf große Höhen ohne Sauerstoffgeräte zu gehen, in jene sogenannte Todeszone, wo der Körper zusehends verfällt, wo sich der Mensch nur stundenweise aufhalten kann.

Es war der Österreicher Herbert Tichy, der als erster einen Achttausender aus eigener Kraft bezwang, sein Rekord wurde im Jahre 1978 durch Reinhold Messner übertroffen, der als erster den Mount Everest ohne künstliche Hilfsmittel bestieg. Sein Sherpa, Tensing Norky, sagte einmal: »Vor Reinhold Messner werden die Berge kleiner.«

Zu den heiligen Orten führen oft nur abgelegene Pfade. Durch das unwegsame Gelände schleppen die Lastesel das Gepäck der Besucher.
Eine Gruppe von Mönchen bei ihrem Gebet vor dem Essen zeigt die Fotografie, die in einem Kloster im tibetischen Lhasa entstanden ist.

Im Jahre 1989 haben wir mit dem Südtiroler Bergsteiger einen Film im Himalaja gedreht. Auf dem Weg zum Basislager des Mount Everest kamen wir in das Lhama-Kloster von Tengboche. Diese ehemals einsame mönchische Einkehr diente immer mehr den Bergtouristen aus aller Welt als Raststation. Am 27. April 1988 erhielt Tengboche Elektrizität, gesponsert von Diane Feinstein, damals Bürgermeisterin von San Francisco. In der Nacht vom 19. auf den 20. Januar brannte dann Tengboche ab. Die Ursache ist nie wirklich geklärt worden. Aber für strenggläubige Sherpas ist sie offensichtlich: Tengboche hat seinen frommen Sinn verloren.

Beim Weiteraufstieg schloß sich uns eine junge Sherpa-Frau namens Passang an. Das heißt übersetzt Freitag. Die meisten Sherpas erhalten ihre Rufnamen nach den Wochentagen an denen sie geboren sind. Das Jahr ihrer Geburt aber prägt sich ihnen ein, weil es hinter den Tiersymbolen und Sternbildern zurücktritt. Passang ist jung, aber jedenfalls alt genug, um schon verheiratet zu sein oder, genauer, um auch die dritte Phase des langwierigen Hochzeitsprozesses durchstanden zu haben. Die erste Phase wird vom Kennenlernen geprägt, das nach dem Arrangement der Eltern erfolgt, in der zweiten Phase lebt die Braut noch bei ihren Eltern, aber der Nachwuchs hat schon einen legitimen Status. Volle Anerkennung genießt die Frau aber erst, wenn sie einen Sohn geboren hat, aus Gründen der sozialen Versorgung. Passang folgte ihrem Mann, der mit einer Bergsteigertruppe im Mount-Everest-Massiv unterwegs war.

Natürlich haben die Sherpas den Namen, den ein englischer Vermesser für ihren höchsten Berg gefunden hat, nicht übernommen. Sie nennen ihn Sagarmata, Mutter des Meeres. Nach einer offenbar tiefen und langen Erinnerung erstreckte sich nach dem Glauben der Himalajabewohner anstelle des Gebirges ein Meer, das Indien vom übrigen Asien trennte. Die Tibeter auf der anderen Seite des berühmten Berges nennen ihn Chomolungma, Göttin Mutter der Erde.

Nicht nur als Träger schwerer Lasten dienen die Yaks. Frische Milch dieser anspruchlosen Rinder hat die Nomadin auf dem Bild links gerade für ihre Familie gemolken.
Der Begriff »Sherpa« ist zum Synonym für die Rolle des Bergführers geworden. Doch handelt es sich bei ihnen zunächst einmal um eine Volksgruppe, die sich – wie der Mann unten – vor allem mit der Landwirtschaft beschäftigt.

Der Dalai Lama, höchster Priesterfürst des Lamaismus und nach buddhistischem Glauben stets ein wiedergeborener Bodhisattwa, residiert traditionell in Lhasa. Dort, im Sera-Kloster, entstand auch das Foto seines Bildes. Ebenfalls in Lhasa: der Potala-Palast mit den Gebetsfahnen. Ein Blick auf den abendlichen Mustagh Ata im Pamir-Gebirge; und die Tänzer zelebrieren das Punakha-Dromche-Fest.

Die Verbundenheit mit der Natur einerseits und der Glaube an die Göttlichkeit der Natur andererseits verbindet alle Bewohner dieser höchsten Region der Erde. Das gilt für die 23 Millionen Menschen von Nepal genauso wie für die 700 000 im Königreich Bhutan, für die 320 000 im ehemaligen Fürstentum Sikkim oder für die 28 000 im verschlossenen Kleinkönigtum Mustang. Am meisten wegen ihres Glaubens und ihres Freiheitsdranges mußten die zwei Millionen Einwohner von Tibet leiden. Das Bergland lebt schon seit vielen Jahrhunderten in einer eigenartigen Wechselbeziehung zum großen Nachbarn China.

Während der Mongolenherrschaft übernahmen die Tibeter in China die Rolle geistlicher Lehrer, und die Mongolen schickten Truppen nach Tibet, wenn es Feinde zu bekämpfen gab. Es war auch ein Mongolenherrscher, der dem religiösen Führer der Tibeter den Namen Dalai Lama verlieh, das heißt soviel wie »Ozean der Weisheit«. Im Jahre 1951 aber annektierte das kommunistische China Tibet, und der amtierende Dalai Lama mußte fliehen. Bis heute wartet er auf eine Rückkehr, wenn sie ihm selbst nicht gelingt, dann seiner Seele, die im Körper eines nächsten Dalai Lama weiterleben wird. Genauso wie den Nepalesen mit Sonam Wangdu ein neuer Lama erwachsen ist. Das Besondere an diesem Sonam Wangdu: Er wurde in Seattle, Amerika geboren und im Alter von vier Jahren in »Das Schneeland« geschickt. Das ist die indische Übersetzung für Himalaja. Nicht nur im Schneeland also, sondern auch im Rest der buddhistischen Welt gilt der Himalaja als der Thron der Götter. Himmelsburg und Hindernis zugleich.

JAPAN

ZWISCHEN TRADITION UND FORTSCHRITT

東海苑
ECC外語学院
英文タイプ
ワープロ
三菱信託銀行新宿支店
王朝料理
高級座敷
大小宴会
焼肉バイキング
居酒屋
カラオケ
炉端焼
学生宴会
やきとり
海・山の旨い
日本料理
居酒屋
赤おに
武富士

Das Shogunat, die japanische Herrscherkaste, verlagerte um 1600 das militärische Hauptquartier weiter in den Norden, in das heutige Tokio. Im 19. Jahrhundert folgte der Tenno, der Kaiser, samt seinem Hof nach und brach mit einer langen Tradition der Weltabgeschiedenheit. Der Tenno, bis dahin zwar noch offizielles Staatsoberhaupt, aber ohne Macht, bereitete dem Shogunat ein Ende: Seit 1889 zunächst eine konstitutionelle Erbmonarchie, ist Japan heute eine parlamentarische Monarchie.

Mit dem Import von westlicher Technik und Wissenschaft entwickelte sich Japan mit der Metropole Tokio ganz schnell zur Vormacht Asiens. Den wachsenden militärischen Gelüsten Japans hatten die Asiaten nichts entgegenzusetzen. Aber im Kräftemessen mit Amerika hatte sich Tokio überschätzt. Die Niederlage gegen Amerika haben sich die Veteranen bis heute nicht eingestanden. Ein weiser Shintopriester in Tokio nannte mir einen Grund: »Bei euch Deutschen hat das Schuldgefühl gesiegt. Bei uns Japanern steht dem das Ehrgefühl im Weg. Bevor wir uns schämen müssen, bringen wir uns lieber um – Harakiri.« Im Yasukuni-Schrein in Tokio sah ich Kamikaze-Flugkörper ausgestellt – Selbstmordwaffen. Aber auch hier nur als Heldengedenkstätte, ohne ein Wort der Erklärung, warum so viele junge Japaner im Krieg in den Tod flogen, außer aus Loyalität zu ihrem Land. Und die amerikanischen Sieger haben in einem Akt politischer Weisheit dem Land die Ehre gelassen. Sie haben nämlich das Kaisertum nicht verantwortlich gemacht für die japanische Aggression.

Auf Honschu, der Hauptinsel Japans, erhebt sich rund 100 Kilometer vor Tokio mit 3776 Metern der höchste Berg der Nation, der Fudschijama (Seite 46). Er ist der Heilige Berg Japans und Gegenstand zahlreicher Gedichte und Zeichnungen.
Der überwiegende Teil der rund 125 Millionen Japaner sind Shintoisten oder Buddhisten. Wenngleich die Religion in ihrem Leben – verglichen mit anderen asiatischen Ländern – eine nicht so bedeutsame Rolle spielt, ist die Religionsausübung dennoch ein traditioneller Bestandteil des Daseins: Eine religiöse Zeremonie (Seite 46), Laternen zum Totengedenken in Tokio (oben) und ein Shinto-Hausschrein (links).

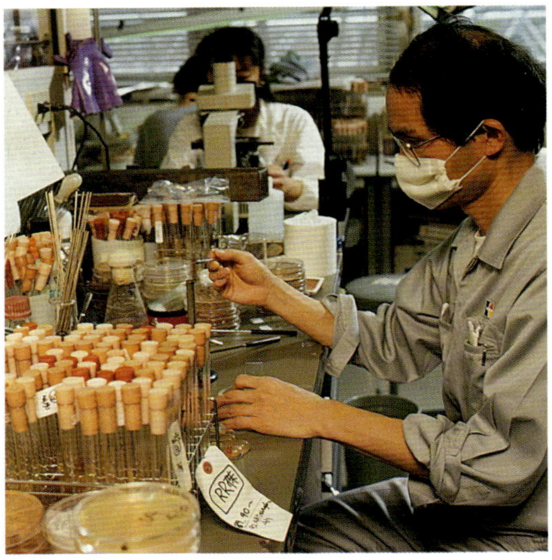

Das Land ist nach dem Kriege nicht als Militär-, sondern als Industriemacht wiedererstanden, und Tokio ist nach der Zerstörung amerikanischer Bomber schnell, fast zu schnell, wieder aufgebaut worden. Der frühere Rüstungskonzern Mitsubishi ist heute größer denn je, allein sein Grundstückskapital in der Stadt Tokio wird auf den Immobilienwert von ganz Texas geschätzt. Die Mitsubishi-Stadt grenzt direkt an den Kaiserpalast. Sein Wert entzieht sich jeder Schätzung, denn noch immer spiegelt sich in den Palastgärten und den höfischen Ritualen das zeitlose Japan. Auch wenn der Thronfolger von heute sich bescheiden und modern gibt.

Japan hat sich innerhalb weniger Jahrzehnte in eine Spitzenposition innerhalb der Weltwirtschaft manövriert. Wenngleich die übrigen asiatischen Länder zu einer Aufholjagd angesetzt haben und China unter ihnen die höchsten Wachstumsraten vorweist – Japans Wirtschaftsmacht ist derzeit nicht ernstlich in Gefahr. Der Automobilbau und die High-Tech-Industrie sind zwei wesentliche Standbeine. Daß ein gutes Umfeld für die Wirtschaft geschaffen wurde, darauf gründet der Erfolg Japans. Zum Beispiel eine perfekt ausgebaute Infrastruktur und ein hervorragend funktionierendes Bankenwesen tragen dazu bei (rechts: ein Blick in die Börse Tokios). Der Bahnhof Shinjuku (Seite 49) und auf dem Bild darüber die Yasukuni-dori-Avenue in Tokio.

JUKI
maxell
TDK
プロミス
アコム
あさひ銀行

新宿
しんじゅく
山区
四ッ谷
Yotsuya
Shinjuku
三鷹
Mitaka
中央医院

Von der ruhenden Mitte des kaiserlichen Palastes aus wächst Tokio nach allen Richtungen und gerät dabei aus den Fugen. In einem Radius von 50 km drängen sich fast 30 Millionen Menschen. Aus dieser immensen Ansammlung von Menschen hat sich ein vielgestaltiges Stadtbild entwickelt, bald zufällig erscheint die Verschiedenheit, in der sich die einzelnen Viertel herausgebildet haben. Doch wann sie nur können, wann immer sie Urlaub nehmen, fliehen die Einwohner aus ihrer Metropole. Ob nur zu einem Ausflug zum schneegekrönten Fudschijama, ins Skigebiet von Sapporo im Norden oder an die Strände der Insel Okinawa im Süden. Japanische Männer vor allem fliehen – immer mit den Arbeitskollegen zusammen – am Feierabend gerne ins Vergnügen. Das kann ein großes Essen sein, mit Sushi und Sashimi, frisch vom herrlichen Fischmarkt in Tokio. Das kann ein Besuch im Kabuki sein, dem reinen Männertheater mit einer 400jährigen Tradition, das kann ein Abend beim Sumo-Ringen sein, das einen religiösen Hintergrund hat, oder es kann das populäre »Sing-Mit« des Karaoke sein, das inzwischen in alle Welt exportiert worden ist. Auch kommt eine Mußestunde mit der Geisha in Frage. Das ist keineswegs eine Prostituierte, sondern eine Dame zur Gesellschaft. Bei ihr geht es nicht um die Kunst der Verführung, sondern um die der Verwöhnung.

Der Komponist Giacomo Puccini hat der Geisha mit seiner »Madame Butterfly« auch in Europa ein Denkmal gesetzt. Ihr freundliches Antlitz ist für uns zum Symbol für das Land des Lächelns geworden.

Einst schnellster Zug der Welt: der Shinkansen (Seite 50); Pachinko heißt das Spiel auf dem Bild darunter. Die Souvenir-Geschäfte (ganz oben) bieten ihre Waren auf der Nakamise-Straße im Tokioter Bezirk Asakusa an. In Osaka entstand die Aufnahme des Kabuki-Theaters, und eine traditionelle Tee-Zeremonie zeigt das Bild darüber.

金日成

KOREA

Mehr als eine geteilte Nation

Immer wenn amerikanische Präsidenten Südkorea besuchen, fahren sie von der Hauptstadt Seoul die 60 Kilometer hinaus an die Waffenstillstandslinie nach Panmunjom und werfen durch das Fernrohr einen Blick auf Nordkorea. Dann folgt ein Besuch des Konferenzgebäudes, durch das exakt in der Mitte des Konferenztisches diese Waffenstillstandslinie verläuft. Bis die Mauer in Deutschland fiel, gab es einen ähnlich »fotogenen« Besucherposten bei uns mit Blick von West nach Ost.

Vor dem Mauerfall hat mich ein Besuch an der Waffenstillstandslinie in Korea immer beklommen gemacht, seitdem scheint sie mir mehr wie eine Sehenswürdigkeit. Tatsächlich ist die Waffenstillstandslinie ein Militärmuseum mit einem Schaukasten einer eher desolaten Vergangenheit auf der einen Seite, nämlich dem Norden, und einem Schaufenster der lebendigen Gegenwart auf der anderen Seite, dem Süden nämlich.

Seit das kommunistische Nordkorea keine Rückendeckung durch Russen und Chinesen mehr spürt, ist das Land in eine tiefe wirtschaftliche Krise geraten. Allein zwischen 1995 und 1998 starben über zwei Millionen Menschen an einer großen Hungersnot. Nordkorea ist auf ausländische Hilfslieferungen angewiesen. Erst seit den vorsichtigen Annährungsversuchen zwischen Nord- und Südkorea im Jahr 2000 besteht eine Hoffnung, die beiden Staaten eines Tages wiedervereint zu sehen.

Dem westlichen Besucher muten sie bisweilen befremdlich an: die sozialistischen Massenveranstaltungen und die eher kargen Wohnsiedlungen Pjöngjang (Seite 52).
In Pjöngjang, der Hauptstadt Nordkoreas, erhebt sich der Triumphbogen (unten). Die Volksrepublik, die rund 24 Millionen Einwohner zählt, geriet in den vergangenen Jahren mehr und mehr unter wirtschaftlichen Druck. Alte Handwerke, etwa die Seidenverarbeitung (oben), können die Entwicklungsdefizite im industriellen Bereich ebensowenig auffangen wie Landwirtschaft und Fischerei.

자유의 집

Mehrmals im Jahr sind die Nordkoreaner zu Freudenfesten aufgerufen. Dann strömen sie zu Tausenden in die Stadien und Arenen, die das Regime hat errichten lassen. Dabei kommen grandiose Aufführungen zustande. Im großen Theater in der Hauptstadt Pjöngjang beeindrucken die Revolutionsopern jeden Besucher. Und wenn am 1. Mai, dem Tag der Arbeit, vor der sozialistischen Plattenbaukulisse Abertausende von Menschen im Zentrum von Pjöngjang in Reih und Glied auftreten, dann hat das schon etwas Monumentales. Es weckt Erinnerungen nicht nur an Marx und Engels, sondern an die eingefrorene Wirklichkeit der achtziger Jahre.

Auf dem Gebiete Nordkoreas liegt auch die ehemalige Hauptstadt jener Koryo-Dynastie, die dem Land den Namen gab. Sie heißt Kaesong, ist umgeben von attraktiven Palast- und Tempelruinen und bildet den Ausgangspunkt für die Reise der Delegationen an die Waffenstillstandslinie. Wer nicht organisiert reist, hat es schwer. Das liegt zum einen an der Verschlossenheit der Funktionäre, zum anderen an den kargen Transportmöglichkeiten.

Eine Ausnahme ist die Anreise aus Japan mit dem ältlichen Dampfer Sam Jiyon. Er dient den Familienbesuchen jener Koreaner, die einst als Fremdarbeiter nach Japan verpflichtet worden sind. In ihrer Gesellschaft läßt sich gut Freundschaft knüpfen und unter ihrer Obhut leichter an Land gehen. Ich hatte einst nur mit großer Mühe eine Drehgenehmigung erreicht, obwohl wir uns auf den Anbau und den Export der berühmten Ginsengwurzel beschränkt hatten. Nach wie vor ist der Grenzwechsel mit vielen Formalitäten verbunden. Der Übergang von Nord nach Süd ist wie ein Sprung in Zeit und Raum.

Das zweigeteilte Korea – sinnfällig wird die Situation der beiden Staaten an der Waffenstillstandslinie (Seite 54, unten: die Verhandlungs-Baracke).
In Kaesong, unweit der Grenze zu Südkorea, liegt das Grab des einstigen Königs Kongmin (unten). Die zeitgenössische Opernvorstellung (oben) knüpft an die kulturellen Errungenschaften dieser alten Nation an.

CHINA

DAS REICH DER MITTE

界人民

China, nach wie vor eine sozialistische Volksrepublik mit weit über einer Milliarde Einwohnern, ist gigantisch. Es erstreckt sich in einer Ausdehnung von Osten nach Westen über 4500 Kilometer und in einer Entfernung von Norden nach Süden über 4200 Kilometer von Pamir bis zum Pazifik. Kein Mensch der Welt – schon gar kein Westeuropäer – ist in der Lage, die Komplexität dieses Riesenreiches mit seinen zahlreichen Volksgruppen und Religionen, mit mehr als einem Dutzend Nachbarländern und allein vier Klimazonen von den extremen winterkalten Regionen der Mandschurei bis zu den subtropischen Gebieten im Süden auch nur annähernd zu erfassen.

Das Tor des himmlischen Friedens und der gleichnamige Platz in Peking auf den beiden vorhergehenden Seiten sind in der westlichen Welt inzwischen zu Symbolen geworden für die politische Situation Chinas. Mit äußerster Brutalität erstickten die Machthaber am 4. Juni 1989 dort den Ruf der Menschen nach mehr Demokratie. Immer wieder muß sich China des Vorwurfs der Menschenrechtsverletzungen erwehren; so konnte die Volksrepublik 1995 nur knapp einer Verurteilung durch die UNO-Menschenrechtskommission entgehen.
Der sozialistische Alltag und die lange Tradition des alten China existieren in den Städten nebeneinander: die Wandmalereien mit den politischen Inhalten, das meditative Tai-Chi auf den öffentlichen Plätzen, die alten Dschunken zwischen den modernen Schiffen im Hafen Schanghais und das Massenverkehrsmittel schlechthin im Reich der Mitte.

China ist unbeschreiblich. Das Antlitz dieses bevölkerungsreichsten Landes der Erde ist von einer Momentaufnahme zur nächsten kaum wiederzuerkennen, so tiefgreifend und rapide geschehen die Veränderungen. Ob sie auf Dauer China verschönern oder entstellen, kann erst die Zukunft erweisen.

HERUVIM

人民

Vom Fischerdorf im 12. Jahrhundert zum wichtigsten Handelsplatz des modernen China: Schanghai ist die prosperierende Metropole des Landes. Immer daran interessiert, nicht den Anschluß an die Entwicklung der Weltwirtschaft zu verlieren, läßt die chinesische Führung hier westliche Einflüsse in einem Umfang zu, wie sie sonst nirgends im Land augenfällig werden dürfen.

Eklatantes Beispiel Nummer eins für die Umwälzungen im volkreichsten Land der Erde: Schanghai. Einst das Paris des Ostens und der Inbegriff des Lotterlebens, dann von den Kommunisten dieses Charakters beraubt, erlebt die Hafenstadt einen Ab- und Umbau, der an die Erneuerung von Paris unter Baron Haussmann im 19. Jahrhundert erinnert. Auf der einen Seite des stadtzerteilenden Flusses erstrahlen die Fassaden der europäischen Handelshäuser in neuem Glanz. Auf der anderen Seite entsteht eine neue Stadt um die »Perle des Orients« herum. So heißt der höchste Fernsehturm der Welt. Gebaut wird dieses neue Schanghai von den »Waidiren«. Das sind die landflüchtigen Bauern, die im Tagelohn und ohne Fragen nach der Arbeitszeit schuften. Sie bieten einen atemberaubenden Kontrast zu den Neureichen, die sich deutsche Limousinen, italienische Maßanzüge, schöne Frauen und glänzende Feste leisten können. Bei einer solchen Feier in einem der neuen Großhotels blendeten mich glitzernde Lüster, goldenes Tafelgeschirr und eine Fünfzig-Mann-Kapelle, die Wiener Walzer und gleich zweimal den Radetzky-Marsch intonierte. In Schanghai boomt die Börse, aber auch das organisierte Verbrechen, entfaltet sich ein reges Nachtleben, entsteht eine Shopping Mall nach der anderen, tobt sich die Jugend in gigantischen Diskotheken aus. Im Großraum Schanghai drängen sich dreizehn Millionen Menschen. Eine neue U-Bahn, die auch mit deutschem Geld und deutscher Ingenieursfantasie gebaut wurde, lindert die ärgste Verkehrsnot. Mir kam das altertümliche Huxinting Teehaus, umgeben von Seerosenteichen, wie eine Rettungsinsel in der Hektik vor. Früher das eher beschauliche Paris des fernen Ostens, erscheint mir heute sogar New York gemütlich, gegenüber dem stürmischen Entwicklungstempo von Schanghai.

大光明钟表商店
冠心药房
PHILIPS
協大祥公司
工美珠宝首饰行
冠龍照相材料商店
FIRS
DeBON

Große Pläne hat die chinesische Regierung mit der Insel Hainan (oben und Seite 69): Aus der einstigen Sträflingskolonie vor der tropischen Südküste des Festlandes ist ein Ferienparadies geworden. Die Felsen auf dem Bild rechts oben, sie waren einstmals das »Ende der Welt«; heute stellen sich hier die Touristen fürs Erinnerungsfoto in Positur.

Das dritte Beispiel, das Chinas Veränderungsdrang illustriert: Hainan. Diese große, dem Festland vorgelagerte Insel im Süden ist eine Art Hawaii Chinas geworden. Die Zutaten dafür sind reichlich vorhanden: tropisches Klima, weiße Strände, Palmenhaine. Darüber aber wächst ein Wald von Baukränen. Sie schaffen die Kette von Hotels für die Touristen von morgen. China hat 1996 zum Jahr des Ferienhotels erklärt. Zwölf neue Resortinseln sind entstanden, ihr Flaggschiff eben – Hainan. An der bezaubernden Yalong-Bucht erfolgte der Startschuß für das Projekt »Urlaub«. Hainan hatte bisher einen eher schlechten Ruf als Gewahrsam für unliebsame Politiker und Verbrecher. Jetzt haben Investoren aus Taiwan, Hongkong und Singapur das Sagen. In der Inselhauptstadt Haikou überragen die Gebäude der Makler und Manager die altertümlichen und meist armseligen Hütten. Geplant sind eine »China-City«, als größter Unterhaltungskomplex der Nation, das größte Sportzentrum des Landes und ein Naturpark, der in Asien seinesgleichen vorerst nicht finden wird. Am südlichsten Zipfel der Insel, der einstigen Strafkolonie, verkündet eine Felsinschrift: »Sie befinden sich am Ende der Welt, des Himmels und der See.«

In der sogenannten Inneren Stadt Pekings liegt die Verbotene Stadt (oben), die wiederum den alten Kaiserpalast beherbergt. Dort richtete Mao Tse-tung den Sitz seiner neuen Regierung ein, nachdem er am 1. Oktober 1949 die Volksrepublik China ausgerufen hatte. Deng Xiaoping (rechts) – nach der Ära Mao lange Zeit mächtiger Mann in der KP – versuchte die wirtschaftliche Öffnung seines Landes; innenpolitisch vertrat er gleichwohl einen kompromißlosen Kurs.

Und schließlich, Beispiel Nummer vier für Chinas Zustand des Wandels: Die Hauptstadt Peking, die wir heute Beijing schreiben, ist das Vorzeigeobjekt der Veränderung im Riesenreich. Im September 1974 besuchte der CDU-Vorsitzende Helmut Kohl das Land, das gerade einen Türspalt zum Westen geöffnet hatte. Wir Journalisten nahmen die Gelegenheit wahr, einen Blick hinter den Bambusvorhang zu werfen. Bei der politischen Begegnung im Regierungspalast war Deng Xiaoping der Gesprächspartner – obwohl damals nur die Nummer drei der Machthierarchie hinter dem greisen Mao und dem kranken Tschu En-lai, zog der kleine Reformer die Fäden. Er war in der Kulturrevolution ein Gejagter, denn er setzte gegen die zerstörerische Gleichmacherei der roten Garden die freie Marktwirtschaft. Als die Studenten weitergehende Freiheiten einforderten, antworteten die alten Männer in Peking am 4. Juni 1989 mit Panzern und Gewehren. Das Massaker auf dem Platz des Himmlischen Friedens belastete lange die Beziehungen Chinas zu den westlichen Demokratien.

Das Luxushotel in Peking, der Händler auf dem Vogelmarkt, der Cola-Automat und die Garküche: China, das in den vergangenen Jahren das weltweit höchste Wirtschaftswachstum verzeichnete, vollführt eine Gratwanderung zwischen dem Beharren auf Traditionen einer sozialistischen Politik und Wirtschaftsstruktur, die sich aber immer weniger vom Weltgeschehen abkoppeln will.

1974 zählte China 800 Millionen Einwohner, heute sind es 1,2 Milliarden und das trotz der Bevölkerungskontrolle und der Ein-Kind-Politik. 1974 galt das Grand-Hotel-Peking als erste Adresse. Heute überragen und überflügeln es ein Dutzend andere Komfortherbergen. 1974 konnten wir nur in einigen wenigen Ausländershops einkaufen, heute ist Peking eine gigantische Shopping Mall. Damals konnte man nur mit offizieller Vorbestellung die berühmte »Peking Duck« verkosten. Heute öffnet sich eine unübersehbare Zahl von Restaurants und Snackshops dem Besucher. Im Fangshan nahe dem Kaiserpalast kann jedermann kaiserliche Küche probieren, immer vorausgesetzt er hält es aus, das Süßsaure und das Sauersüße zu essen, inklusive Schwalbennester, alter Eier, Entenpfoten und Haifischflossen. Aber die chinesische Küche ist weit schmackhafter als die im Ausland geschürten Vorurteile uns Glauben machen wollen.

凯莱大酒店
GLORIA PLAZA HOTEL

Auch eine kunstgeschichtliche Besonderheit in der Verbotenen Stadt: die »Neundrachen-Wand« (oben). Das Bild daneben zeigt einen Blick ins Innere der Halle des Himmelsgewölbes. Die große Bedeutung des chinesischen Kunsthandwerks, das Sammler in aller Welt anspricht, dokumentieren der Antiquitätenladen in der Pekinger Altstadt und die Porzellan-Herstellung – eine ruhmvolle Erfindung, die den Chinesen vermutlich bereits vor unserer Zeitrechnung gelang.

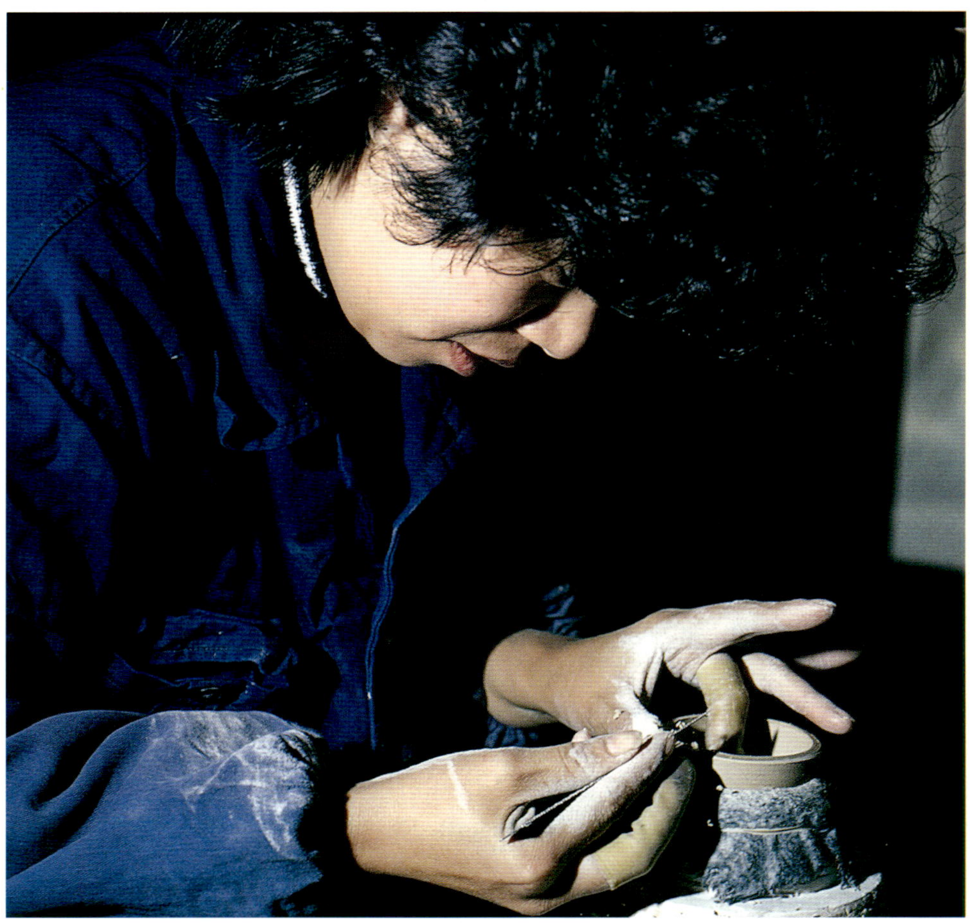

Die berühmte »Tonarmee«, keramische Grabwächter zum Schutz der kaiserlichen Seele – ein Fund, der nicht zuletzt wegen seiner Einzigartigkeit und Mannigfaltigkeit weltweit Furore gemacht hat. China ist überaus reich an Kunstschätzen, selbst nachdem Tschiang Kai-shek bei seiner Flucht einen großen Teil nach Taiwan transportieren ließ.

Vielfältig stellt sich die Mischung der Volksgruppen im Riesenreich China dar: Aus Peking stammt die junge Frau in traditioneller Kleidung auf dem Bild oben, die südchinesische Tracht präsentieren die Frauen auf dem Foto rechts. Zur Gruppe der moslemischen Hui gehört die Frau auf dem Bild ganz rechts, und die Kinder darüber stammen aus der Minderheit der Miao. Auch in Glaubensdingen ist China keineswegs einheitlich: Konfuzius' (oben) Lehre hat ebenso ihre Bedeutung wie der Buddhismus (unten: ein Detail aus einem buddhistischen Relief). Das Tempelfest (Seite 79) nahm der Fotograf in der Stadt Suchou auf.

Nach der Vorschrift des Philosophen Konfuzius, »gehorcht die Frau dem Vater, dann dem Mann und als Witwe ihrem eigenen Sohn«. Eine Lehre, die 2500 Jahre alt ist und erst unter Mao außer Kraft gesetzt wurde. Konfuzius hatte diese chinesischen Grundwerte legitimiert, indem er sie von vorzeitlichen »Ahnen« ableitete. Die mögen aber auch nicht anders gelebt haben als die »Barbaren«, von denen sie umgeben waren. In Urumchi, der Provinzhauptstadt von Sinkiang, vertrieb ich mir die Wartezeit auf einen Weiterflug mit einem Museumsbesuch. Da lagen kürzlich ausgegrabene, im Wüstensand konservierte Skelette aus. Unter ihnen der 3800 Jahre alte Leichnam einer Frau mit Ornamentschmuck, der sie als Stammesführerin auswies. Erstaunlich schien mir zunächst der Rest eines rötlichen Haarschopfes. Weniger erstaunlich hingegen, wenn man bedenkt, daß Sinkiang noch bis ins achte Jahrhundert von indogermanischen Volksgruppen besiedelt war; im neunten Jahrhundert kamen Eroberer: Turkvölker, die heute noch einen großen Bevölkerungsanteil dieser Provinz stellen.

國泰民安

Der Gelbe Fluß – nicht nur eine Wasserstraße für die Schafshaut-Flößer und ein wichtiger Energie-Lieferant; in seinem Tal steht gewissermaßen die »Wiege« Chinas.
Die Große Mauer: vom Pazifik bis nach Turkestan erstreckt sich dieses Bauwerk, das einzige übrigens, das man aus dem Weltall ausmachen kann. Sie ist rund 6250 Kilometer lang, 6 bis 9 Meter hoch und mit zahlreichen massiven Wachtürmen versehen. Der Bau dieser gigantischen Schutzmauer begann bereits im 3. Jahrhundert, während der Ming-Dynastie (von 1368 bis 1644) erhielt sie ihre heutige Form.

Die Anfänge des chinesischen Reiches aber liegen im Tal des Gelben Flusses. Hier herrschten jene Kaiser, von denen das Volk Legenden und Mythen, Schrift und Sprache ableitet. Die Fragen nach Gott und den Menschen, nach der idealen Gesellschaft – im Altertum schon waren sie ausdiskutiert und von Konfuzius für China beantwortet: Pflicht und Ordnung, Religion und Regierung in einer Hand, in der des Kaisers. Tien Tzu, der Sohn des Himmels, Herr über ein Land, das sich stolz das Reich der Mitte nennt – daneben nur Barbaren, schon in vorchristlicher Zeit abgewehrt durch die große Mauer. Mongolen und Mandschuren haben sie durchbrochen, nur um aufgesogen zu werden von einer Kultur, die der ihren weit überlegen war. Der Sturz der alten Ordnung erfolgte denn auch nicht auf dem Landweg, sondern übers Meer. Der Westen erzwingt sich Zugang durch Handel und schließlich mit Gewalt. Ein Arzt aus Canton, Dr. Sun Yat-sen, träumte als erster den Traum von einem neuen China, das frei von Kaisern und Fremden ist. Auf einer Postkarte malte er eine aufgehende Sonne – das Emblem für eine Nationalfahne der Zukunft. Seine Zöglinge Tschiang Kai-shek und Mao Tse-tung stritten um sein Erbe. Auch nach ihrem Tod ist dieser Streit nicht ganz zu Ende. Maos Nachfolger beherrschen heute Festlandchina. Auf der Insel Taiwan jedoch bewahren Anhänger Tschiang Kai-sheks noch ihre Selbstständigkeit. Dort auch hat sich neben dem Reich der Mitte ein Reich für sich entwickelt.

TAIWAN

Eine Welt für sich

Der 23. März 1996 war ein großes Ereignis in der chinesischen Geschichte. Nach 5000 Jahren Kaiserreich, kolonialen Zwischenspielen und politischer Diktatur feierten Chinesen erstmals freie Wahlen. Sie feierten mit Paraden, Volksversammlungen, Feuerwerk und Lautsprecherwagen. Das Jahrtausendereignis betraf aber nur 20 Millionen der 1,2 Milliarden Chinesen. Es fand auf der Insel Taiwan statt und hat auf dem Festland Drohgebärden ausgelöst: groß angelegte Manöver, gefährlich nahe der Insel.

Peking hat Angst, daß der Funke der Demokratie von der Insel überspringen könnte – ins Reich der Mitte. Theoretisch erscheint das möglich, denn seit der Spaltung Chinas in das kommunistische Festland und das nationalistische Taiwan erheben beide Anspruch auf die Macht nach der Wiedervereinigung. Praktisch aber hat sich der Schutzpatron Taiwans, Amerika nämlich, im Jahre 1978 diplomatisch für »ein« China entschieden für Peking also. Gleichzeitig aber haben Amerikas Politik und Rüstungsindustrie Taiwan bis an die Zähne bewaffnet, um das Festland von einem militärischen Waffengang auf dem Weg zur Wiederherstellung abzuschrecken.

Ilha Formosa, »schöne Insel«, nannten die portugiesischen Entdecker das heutige Taiwan. Nach den Europäern in stetem Wechsel von China und Japan beherrscht, als »Demokratische Republik Formosa« Anfang des 20. Jahrhunderts erste Republik Asiens, rief Tschiang Kaishek – durch die Kommunisten vom chinesischen Festland vertrieben – 1950 die Republik Taiwan aus. Unter dem Schutz der USA entwickelte sich eine neue Wirtschaftsmacht; bis zu einer echten Demokratisierung vergingen allerdings 46 Jahre. Taipeh, die Hauptstadt Taiwans – eine Drei-Millionen-Metropole und überaus rege Handelsstadt. Hier steht auch das Mausoleum Tschiang Kai-sheks (unten).

Der Sieger der ersten freien Wahlen auf Taiwan, Präsident Lee-hui, wollte den friedlichen Weg gehen. Das hat er mit einer großen religiösen Geste kundgetan. Unter dem Dröhnen mächtiger Trommeln betrat er den Hsing-Tempel am Rand der Inselhauptstadt Taipeh, der dem Kriegsgott Kuan Kung geweiht ist. Er drehte dem Altar den Rücken und rief der Wählermenge zu: »Die Demokratie ist jetzt Herr über den Präsidenten.« Die großen Trommeln des Tempels von Hsing-Tien hallten in ganz China nach. Die politische Macht des Friedensappells wird militärisch, wirtschaftlich und kulturell gestützt. Die Reserve eingeschlossen, kann Taiwan zwei Millionen Soldaten aktivieren – in einer technisch modern ausgerüsteten Armee. Sie steht vor allem auf zwei kleinen vorgeschobenen Inselchen vor Festlandchina. Wirtschaftlich ist Taiwan ein Riese und hat seit der Öffnung Pekings allein bis 1995 für umgerechnet über 30 Milliarden Mark auf dem Festland investiert. Es ist bereits jetzt zu einer wirtschaftlichen Verflechtung gekommen.

Kulturell schließlich fühlt sich Taiwan »chinesischer« als das Festland und verfügt über die größten Schätze des Reiches der Mitte. Der Verlierer im Bürgerkrieg, Tschiang Kai-shek, hatte Chinas wesentliche Kulturgüter mitgehen lassen, als er 1948 auf die Insel floh. Und so ist denn auch für jeden Chinafan ein Besuch des nationalen Palastmuseums in Taipeh obligatorisch. Schon die Baulichkeiten sind eindrucksvoll – in bunter Glasur und Ziegelstein präsentiert sich hier eine neuchinesische Architektur, die in Taiwan viele Nachahmer gefunden hat. Das Museum beherbergt an die 500 000 Exponate aus der chinesischen Kulturgeschichte, nur 11 000 davon finden in den Ausstellungsräumen Platz. Der Rest ruht hinter Stahltüren, oft noch in den sargähnlichen Behältern, die Tschiang Kai-shek zum Abtransport benutzte. Die Keramik, das Geschmeide und die Malereien aus mehreren Jahrtausenden höfischer Kunst verleihen der oft abstrakten Vorstellung von der traditionellen Größe Chinas Relief.

Eine Parallele zur europäischen Renaissance bildet das Zeitalter der Sung-Dynastie. Die »zwei Gedichte«, die Kaiser Hui-Tsung im 11. Jahrhundert schwungvoll zu Papier brachte, sind bis heute Vorbild aller chinesischen Schriftenmaler.

Wie stolz die Bewohner von Taiwan auf ihre Schätze sind, zeigte sich, als Anfang 1996 eine reiche Auswahl der Museen nach New York ging – oder besser: gehen sollte. Da protestierten Hunderte vor dem Nationalmuseum. Sie fürchteten, der Westen könnte diese Kunst nicht verstehen oder würde es zulassen, daß größere Werke danach nach Peking ausgeliefert würden. Der Veranstalter, das Metropolitan Museum in New York, ging schließlich einen Kompromiß ein und verzichtete auf Werke, wie eine besonders filigrane Vase aus der Ming-Dynastie oder ein Kaiserportrait aus der Sung-Zeit. Die Nationalisten in Taiwan erreichten auch, daß der größte Museumsschatz, ein Gemälde mit Namen »Reisende in einer Fluß- und Berglandschaft«, in Ching Hao blieb. Die Namen und Titel erscheinen uns fremd, aber den Chinesen bedeuten sie soviel wie uns die »Mona Lisa« oder ein Michelangelo. Die kulturelle Identität ist den Menschen von Taiwan gerade in einer Zeit wichtig, in der sie um ihre politische Eigenständigkeit kämpfen.

Taiwan gehört schon seit Jahrzehnten zu den wirtschaftlichen Aufsteigern im Fernen Osten. Es bedient sich dabei westlicher Vorbilder. Jeder zweite Vorstandsvorsitzende oder Parteiführer hat in Amerika oder Europa studiert und promoviert. Die Insel ist heute keine Veteranenzuflucht mehr aus der Bürgerkriegszeit, sondern eine moderne und seit März 1996 eine demokratische Industriegesellschaft. Auf mich übt diese ost-westliche Mischung eine mindestens ebenso große Anziehungskraft aus, wie das große, das eigentliche China auf dem Festland.

Zwischen Drachentempel (links) und Grand Hotel (oben): Taiwan hat den Aufstieg zu einer der ganz großen Industrienationen Asiens längst geschafft. Dabei wird deutlich, daß dies keineswegs um die Aufgabe der eigenen Identität erkauft wurde. Westliches hat auf der »Schönen Insel« einen Platz. Doch das Bewußtsein um die kulturelle Eigenständigkeit ist bei den »Nationalchinesen« überaus wach.

INDOCHINA

LÄNDER UND LANDSCHAFTEN AM MEKONG

VIETNAM · KAMBODSCHA
LAOS · THAILAND

Was uns geradezu als Idylle erscheint – das Bild der Reispflanzerin in Laos (Seiten 86-87) – dokumentiert eine harte Arbeit, um das Grundnahrungsmittel Asiens herzustellen.
Wenig bedrängt von den Auswüchsen der Zivilisation – ein Fischerdorf auf der südvietnamesischen Insel Mieu (oben und unten). Fisch zählt neben Kohle, Kautschuk, Früchten und Gemüse zu den wichtigsten Exportgütern der Republik Vietnam.

Der Strand ist weiß wie Schnee und glitzert auch so in der Mittagssonne. Das Wellblech, das australische Soldaten, Verbündete der Amerikaner, im Vietnamkrieg zurückgelassen haben, dient kleinen Imbißstuben als Dach. Nur noch ein wenig Stacheldraht ist übriggeblieben von jenem Umerziehungslager hinter dem Strand, in dem erst gefangene Kommunisten festgehalten wurden und nach deren Sieg die unterlegenen Soldaten Südvietnams.

Heute verfügt der Badeort Vung Tau über Massagesalons und Diskotheken, Fischrestaurants und das eine oder andere ordentliche Hotel. Ein monumentaler Christus erinnert daran, daß der Süden von Vietnam lange von Katholiken beherrscht wurde, und das Menschengetümmel und Motorengedröhn, besonders am Wochenende, verdrängt Gedanken an Krieg und Kriegsgeschichte in Vietnam.

Vung Tau liegt 120 Kilometer vor Ho-Chi-Minh-Stadt, dem früheren Saigon. Die französischen Kolonialherren hatten das kleine Fischerdorf als Badeort entdeckt und Kap Saint Jacques genannt. Von ihrer neuen Kolonie Kotschinchina aus wollten sie ins Reich der Mitte selbst vordringen. Der Weg dorthin sollte über den großen Fluß Mekong nach China führen. Und der Ausgangspunkt der Expedition war Saigon nahe dem Mündungsdelta.

Im Juni 1866 begab sich die französische Expedition auf die Reise über Phnom Penh in Kambodscha, dann an den Ufern von Siam entlang, dem heutigen Thailand, über Vientiane in Laos bis zur chinesischen Grenze. Kurz dahinter fanden die Franzosen einen schiffbaren Seitenfluß des Mekong, der sich in den Golf von Tonkin ergießt. Die Hauptstadt an diesem Seitenfluß war Hanoi.

Aus den Ländern und Landschaften am Mekong machte Frankreich Indochina, ein Kolonialreich zwischen China und Indien. Aber die französische Herrlichkeit dauerte nicht einmal 80 Jahre. Als der Zweite Weltkrieg zu Ende ging, beginnt in Vietnam der Unabhängigkeitskampf. Acht Jahre lang zermürben die Soldaten Ho Chi Minhs die Legionäre Frankreichs. Am 8. Mai 1954 sind von 15 französischen Bataillonen nur noch Reste übrig. Frankreichs Reich in Indochina zerbricht in Dien Bien Phu, einem Ort im Bergland des Tonkin.

Die einstige Dschungelfestung der Franzosen, an der Grenze zu Laos, ist heute eine Touristenattraktion. Französische Kanonen und Tanks sind aus der wild wuchernden Natur wieder freigeschaufelt worden. Die Hügel um die Festung herum, alle nach den Freundinnen französischer Fremdenlegionäre benannt, erzählen von den menschlichen Angriffswellen Vietnams. Ein kleines Museum feiert die französische Niederlage als einen Sieg der Ideologie über den Materialismus. Rasthäuser und auch schon Hotels machen aus Dien Bien Phu einen Kriegsvergnügungspark nach dem Muster von Waterloo. Nicht weit südlich liegt das kleine Dorf Wong Sen, wo der große Revolutionsführer Ho Chi Minh geboren wurde.

Traditionen spielen in allen asiatischen Ländern eine große Rolle. Und im Gegensatz zu westlichen Staaten sind sie im Alltag präsenter, durchdringen das Leben der Menschen weit stärker als in unseren Breiten. Das Stammesfest bei Hanoi (oben und unten) dokumentiert die Lebendigkeit der Traditionen.

Der Cao-Dai-Tempel in Non Nuoc – eines der zahlreichen Heiligtümer in den Marmorbergen.

Nahe der Grenze zu Nordvietnam hatten die Amerikaner eine scheinbar uneinnehmbare Festung gebaut, das Lager von Da Nang. In den Marmorbergen dahinter standen fast 50 Tempel, Klöster, Kirchen, Höhlen und Ruinen, ideale Verstecke für den Gegner. Heute ist der Kriegsschauplatz am Rande der riesigen Militärbasis ein Fundplatz für Souvenirjäger. In den Marmorbergen dahinter verlaufen sich Touristen und Naturliebhaber.

Berühmt sind die steinernen Militär-Mandarine (oben) am Grabmal des Kaisers Khai Dinh.
Halle der Höchsten Harmonie (rechts) heißt der faszinierende Raum, den der Kaiserpalast von Hué beherbergt. Die Außenansicht des Palastes mit dem Ngo-Mon-Tor (Seite 93, oben). Bei der sogenannten Tet-Neujahr-Offensive wurde Hué erheblich beschädigt.
Im kolonial-französischen Stil erbaut: die Oper von Hanoi und auf dem Bild daneben das Ho-ChiMinh-Mausoleum, wo der 1969 in Hanoi verstorbene Revolutionsführer bestattet ist (Seite 93 unten).

Von Da Nang geht es über den Wolkenpaß nach Hué. In dieser letzten Kaiserstadt Vietnams regierte zwischen 1802 und 1945 die Nguyen Dynastie, zunehmend von Frankreichs Gnaden. Einst beherrschten diese Könige das Reich von Annam. Ich habe im Dezember 1967 den Kaiserpalast einmal sechs Stunden für mich alleine gehabt, als mich ein Hubschrauber der US-Streitkräfte ebensolange warten ließ. Ein Jahr darauf war die Kaiserstadt Hué bei der überraschenden Tet-Neujahr-Offensive der Kommunisten zerstört worden. Heute strömen durch das Mittagstor die Touristen in den Kaiserpalast der verbotenen Stadt. Die Rekonstruktion läßt allerdings noch weiterhin auf sich warten. Ob es nun Tradition ist oder angeborener Sinn für Ästhetik, jedenfalls scheinen die Leute von Hué vor allen anderen Vietnamesen den Sinn für Anmut und Würde zurückgewonnen zu haben. Hanoi im Norden des Landes ist hingegen ein Zwitter zwischen französischer Architektur-Vergangenheit das Opernhaus in Hanoi ist dem Pariser Vorbild nachempfunden – und dem Ausdruck des vietnamesischen Nationalismus – das Ho-Chi-Minh-Mausoleum ist ein Monumentalbau in kommunistischer Tradition.

CHU TICH
HO-CHI-MINH

In Ho-Chi-Minh-Stadt, dem einstigen Saigon: Das Rathaus (oben, links), daneben die Tran-Nguyen-Han-Statue; wagemutig improvisierte Transporte bewegen sich durch die Straßen von Saigon – ein Bild, das eine überdeutliche Erwartung hervorruft…

Saigon im Süden des Landes hat jedoch auch nach der Umtaufe in Ho-Chi-Minh-Stadt sein eigenes Flair und seine Lebenslust bewahrt. Auch Miss Saigon gibt es immer noch. Zwar nicht mehr als Taxigirl für den amerikanischen GI, aber doch als die Gesellschaftsdame, die jedem zahlungswilligen Freier stundenweise zur Verfügung steht. Auf der Dong Khoi, der Vergnügungsstraße von Saigon, sind die Neonlichter nur kurz ausgegangen nach dem Sieg des Kommunismus, jetzt ist das Amüsement wieder unbegrenzt. Miss Kin Lam, um 20 Jahre älter und weiser geworden, trägt das Make-up jetzt dicker auf. Bei den kleinen Schuhputzern spricht nach wie vor niemand von Kinderarbeit, die Kontore am Hafen werden nach wie vor von Chinesen gelenkt. Und die Nachrichtenbörse spielt sich immer noch zwischen den Hotels Continental (Kolonial) und Caravelle (Aircondition) ab.

Der Krieg Amerikas in Vietnam wurde von den Reportern und Korrespondenten in diesen Hotels verloren. Das behaupten noch heute steif und fest Generäle mit vier Sternen, die der Lage in Vietnam nicht Herr werden konnten. Das Hotel Majestic nahebei ist nach jahrelanger Restaurierung heute das schönste der Stadt. Und das Rex, in dem einst die amerikanischen Pressebetreuer saßen und ihre Hauptaufgabe in der Beschwichtigung der Reporter sahen, wurde bald zu einem Vier-Sterne-Hotel ausgebaut.

Auch die Küche läßt nach westlichen Standards wenig zu wünschen übrig, und zwar ganz gleich, ob man sich an den durchweg sauberen Garküchen an der Straße bedient oder die französisch-verfeinerte kaiserliche Küche aus Hué probiert. An der Stelle des Restaurantschiffes am Kai des Saigonflusses, das die Kommunisten einst hochgehen ließen, liegt wieder ein Restaurantboot – seine Bierpalette reicht von Dortmund bis Sapporo. Erdbeeren aus dem Luftkurort Da Lat, einst eine Delikatesse, sind heute übliche Marktware. Und Chao Toam, Langustenpasta am Zuckerrohrstil, gibt es wieder an allen Ecken und Enden.

Immer noch weist die große Zahl der Kriegsversehrten darauf hin, daß dieses Land einst unter immensen Opfern die größte Militärmacht der Welt zurückgeschlagen hat. Amerika hinterließ aber nicht nur Uniformen und Waffen, Coca-Cola und Crackers, Amerika schaut den Touristen aus vielen jungen Augen an, braune Augen unter blonden Haaren oder blaue Augen unter einem Rotschopf. Diese Kinder des Krieges gehören zum Weichbild von Ho-Chi-Minh-Stadt. Sie sind das eigentlich Besondere.

Überhaupt lebt die Stadt mehr von ihren Menschen als von ihren Bauten. Die Franzosen machten den Katholizismus stark und bauten eine Kathedrale Notre Dame. Die Südvietnamesen, sehr viel toleranter als ihre Brüder im Norden, formten aus dem alten und dem neuen Glauben die Sekte Cao Dai. Da mischen sich Christentum und Islam, Konfuzianismus und Taoismus, Buddhismus und Hinduismus. Ihr Zentrum hat die Cao-Dai-Sekte in einem Städtchen an der kambodschanischen Grenze mit dem Namen Tay Ninh.

Mönchsfrauen vor der Pagode des sogenannten Jadekaisers in Ho-Chi-Minh-Stadt (oben).
Die Bilder unten zeigen den Cao-Dai-Tempel, die Außenansicht (links) und die Gebetshalle (rechts) in Tay Ninh, der Hauptstadt der Provinz Kotschinchina. Tay Ninh ist das religiöse Zentrum des Caodaismus, einer relativ neuen Religion, die inzwischen rund zwei Millionen Anhänger gefunden hat. Selbstlosigkeit predigt diese Religion, die ostasiatische, indische und christliche Elemente miteinander verbindet. Cao-Dai, das soviel wie »Großer Palast« bedeutet, ist zugleich der oberste Gottesbegriff dieser Religion.

Das Mekong-Delta ist neben dem Tonkin-Delta der wichtigste Wirtschafts- und Siedlungsraum Vietnams. Hier lebt der Großteil der Bevölkerung, hier konzentrieren sich die ökonomischen Aktivitäten, und das aus Tradition: Der sogenannte Naß-Reisanbau, der auch heute noch eine große Rolle spielt, bedarf hoher Wassermengen.
Für das riesige Sumpfgebiet im Mekong-Delta sind Boote die beste Fortbewegungsmöglichkeit, aber auch ein adäquater Lebensraum.

Es waren auch die Franzosen, die ihr Indochina durch ein Verkehrsnetz erschlossen haben. Die Transindochinois ging im Vietnamkrieg zu Bruch. Einzelstücke kann man allerdings heute noch befahren. Zum Beispiel von Ho-Chi-Minh-Stadt in das nahegelegene Bien Hoa. Unter den ramponierten Personenwagen sticht ein alter Salonwagen vor, der noch aus französischer Zeit stammt.

Die Route No. 1, die den Norden mit dem Süden verbindet, ist wieder durchgängig befahrbar, die Bombentrichter überteert, die Brücken neu gespannt, aber der romantische und historische Weg durch das frühere Indochina geht immer noch über den Mekong-Fluß. Unten am Hafen von Ho-Chi-Minh-Stadt legen die Boote ab, die über den Saigon-Fluß in das große Mekong-Delta fahren. Es ist beileibe keine Luxuskreuzfahrt: Einmal hat der Tourismus dies reizvolle, exotische Gewirr von Reisfeldern und Kokosplantagen, von Pfahldörfern und blitzsauberen Kleinstädten noch nicht entdeckt, zum anderen verengen und verändern sich die Wasserläufe im Mekong-Delta, sorgen jährliche Überschwemmungen zusätzlich für Untiefen.

Wie zur französischen Zeit, so spielt sich auch heute der Handel zwischen Vietnam und dem Nachbarland Kambodscha hauptsächlich auf dem Mekong ab. Mit einer Million Einwohnern die größte Stadt am Fluß ist Phnom Penh. Einst die idyllische Hauptstadt eines anmutigen Landes, hat Phnom Penh mehr Unheil erlebt als die großen Städte Vietnams. Norodom Sihanuk, noch vor den Franzosen als König eingesetzt, hat versucht, sein Land durch strikte Neutralität aus den Kampfhandlungen herauszuhalten.

Dabei begann er, Kambodscha hermetisch abzuriegeln – übrigens auch vor den Journalisten. Ein Türspalt ging auf, als im November 1967 Jacqueline Kennedy, die Witwe des ermordeten amerikanischen Präsidenten, zu einem Freundschaftsbesuch kam. Wir kamen im Gefolge mit. Ihr zu Ehren hatte der kleine König eine Symphonie komponiert. Damals erschien mir Phnom Penh als eine Stadt wie gemalt: Die Blumengirlanden, das höfische Zeremoniell, das Gelb der Roben buddhistischer Mönche, das Abendrot am Mekong-Fluß, der graziöse Gang der Mädchen, die gelassene Eleganz der Offiziere.

Die aufwendige Reisproduktion, das Dreschen und Worfeln, wie der alte Ausdruck für das Reinigen von Getreide heißt, aber auch Ernte und Bestellen der Ackerflächen werden überwiegend mit einfachen Mitteln bewerkstelligt.

Phnom Penh: die Hauptstadt Kambodschas und das kulturelle Zentrum des Landes. 1434 wurde Phnom Penh neue Residenzstadt der Khmerkönige, die Angkor verlassen hatten. Vom 16. bis zum 18. Jahrhundert wieder aufgegeben, erhielt die Stadt 1867 unter der französischen Kolonialmacht ihren Hauptstadt-Status zurück. Im 20. Jahrhundert wurde der Königspalast (oben, rechts mit Bildnis von König Sihanuk) erbaut. In der Altstadt (oben) ebenso wie in der zentralen Markthalle (unten) herrscht eindrucksvolles Treiben.

Im Kampf um Vietnam stürzten die Amerikaner Norodom Sihanuk, bombardierten das Kriegsgebiet, militarisierten das Leben. Die Rebellion gegen die Fremdmacht schlug um in einen Bürgerkrieg, der das Land verwüstet, aber seine Bewohner demokratisiert hat. Fast 30 Jahre später ist König Norodom Sihanuk wieder an der Macht, um das alte Kambodscha wieder zu beleben und seinem Volk einen neuen Weg in die Zukunft zu weisen.

Das Straßenbild von Phnom Penh beherrscht nicht mehr das Grün der Militärs, sondern das Weiß der Uno, die Frieden im Land bewahren soll. Unter ihrem Schutz sind auch Anmut und Lebensfreude zurückgekehrt nach Phnom Penh. Die Geschäfte am Hafen florieren wieder. Die Fischrestaurants am Mekong stehen nicht mehr leer, und das eine oder andere neue Hotel hat aufgemacht. Auch der Königspalast ist renoviert.

Aber es ist eine andere Heimstadt der Könige von Kambodscha, die den Tourismus von neuem ins Land zieht. Das sind die gut erhaltenen Tempel und Paläste von Angkor. Von hier aus herrschte das Königsgeschlecht der Khmer über ein Gebiet, so groß wie Indochina und Thailand dazu. Im Glauben an ihre eigene Göttlichkeit schufen die Könige das größte religiöse Monument der Welt, die Tempelstadt Angkor Wat. Die architektonische Eleganz wie die schiere Größe von Angkor Wat beeindrucken den Besucher auch noch tausend Jahre nach dem Bau. Die Soldaten des Königs Sihanuk bewachen heute Angkor und geben dem Touristen Sicherheit. Sihanuk bemühte sich auch um den Aus- und Aufbau eines Badeortes an der Küste, dem er seinen eigenen Namen gab: Sihanukville. Das geschah vor beinahe 40 Jahren, als Kambodscha noch ein idyllisches Land war und Phnom Penh die schönste Stadt am großen Mekong.

Der heilige See vor Angkor Wat (oben) deutet auf die reiche Vergangenheit der einstigen Hauptstadt Kambodschas: Im Jahre 889 gegründet, beherbergte die Stadt bis zu ihrer Zerstörung durch die Thai (1431) zahlreiche Tempel und Bewässerungsanlagen, die den Reisbauern bis zu drei Ernten im Jahr bescherten. Angkor Wat, die große Pyramide, war dem Gott Wischnu geweiht und ist eines der bemerkenswertesten Bauwerke der Khmer-Architektur. Wie Angkor Wat erst vor gut hundert Jahren freigelegt: die »Gesichtstürme« Angkor Thom (unten, links).

Entlang des Mekong erstreckt sich das unwegsam-bergige Laos. In seiner Hauptstadt Vientiane finden sich das Kloster Wat That Luang Nuea und das Siegesmonument Pratuxai (Seite 101 oben, rechts u. unten).

Folgt man dem Lauf des Mekongs weiter flußaufwärts, kommt man in das dritte Land, das Frankreich einst für sein Kolonialreich besiegte, nach Laos. Gleich an der Grenze unterbricht ein mächtiger Wasserfall die Schiffahrt. Die Franzosen haben ihn mit einer Bahnlinie umgangen, bis heute die einzige in Laos. Dies kleine Land hat sich von der Welt noch weiter isoliert, als seine beiden Nachbarstaaten in Indochina. Die Hauptstadt Vientiane ist mit nicht einmal 500 000 Einwohnern kaum mehr als ein größeres Dorf. Auch Laos hatte eine Monarchie. Sie residierte in Luang Prabang, einer Stadt der Klöster und Tempel, für den Besucher reizvoller als die Hauptstadt Vientiane. Im Jahre 1975 mußte der letzte laotische König seinen Palast in Luang Prabang verlassen und in ein Lager der herrschenden Sozialisten umziehen.

Im Zuge der Aussöhnung zwischen West und Ost öffnet sich auch das zurückgebliebene Laos. Die Australier haben 1994 von Vientiane aus eine Brücke der Freundschaft über den Mekong nach Thailand geschlagen. Und thailändische Anleger wollen in Laos dem Mekong-Fluß einen Staudamm verpassen, im Dienste des Fortschritts.

König Rama I. ließ ab 1782 seine neue Residenzstadt errichten – das heutige Bangkok. Mit über fünf Millionen Einwohnern ist die Hauptstadt Thailands zugleich auch wichtigstes Wirtschafts- und Kulturzentrum des Landes.
In der Zeit des Vietnamkrieges begann eine Entwicklung, die zwar devisen-, aber auch problemträchtig ist: Prostitution (unten, rechts) und Drogenhandel haben den Ruf der Stadt weltweit geprägt.

Von den vier Anrainern am Unterlauf des Mekong-Flusses ist Thailand sowieso der fortschrittlichste. Das Land hat schon lange dem Tourismus freudig die Arme geöffnet – zu freudig vielleicht. Die kristallklaren Strände sind zum Teil verbaut und verschmutzt. Die großartige Hotelkultur Bangkoks hat die Grenzen des Machbaren erreicht, und die freundlichen Damen in den Massagesalons und Rotlichtbars geraten immer mehr in die Hände mieser Zuhälterkartelle. Die Dienstbarkeit und Gastfreundschaft der Thais haben nicht nachgelassen, aber die natürlichen Ressourcen des Landes sind bald ausgeschöpft.

Abgesehen von ihrem traditionellen Boxkampf hassen die Thais die Gewalt. Ihr Königshaus hatte es auch verstanden, das Land sowohl dem kolonialen Zugriff zu entziehen als auch aus dem Indochinakrieg herauszuhalten. So begann die Invasion friedlich – mit einem Erholungsprogramm für die GIs namens »R&R – Rest and Recreation«.

Die amerikanischen Soldaten, die sich hier vom Fronteinsatz erholten, haben nicht nur dem Hotelgewerbe und dem Strandleben Auftrieb verliehen, sondern auch die Laster der Prostitution und des Drogenkonsums blühen lassen. Mich deprimiert ein Bummel durch das nächtliche Bangkok. Da ist kein Charme, sondern nur Gefeilsche. Tagsüber aber ist es immer noch eine Stadt voller Reize. Wenn die Boote mit Seide und Getreide, mit Früchten und Gemüsen das Kanalnetz schmücken, sieht man die trüben Fluten darunter nicht.

Ein tropischer Drink auf der Terrasse des altehrwürdigen Oriental-Hotels (lange unter deutscher Führung) verdrängt die Bilder der Armut in der Vorstadt. Die vielen buddhistischen Tempel in der Stadt sind nicht nur gepflegt und renoviert, sie haben auch Zuwachs erhalten. Das Geld aus dem Tourismus fließt auch in immer neue Pagodendächer.

Die andere, die traditionsreiche Seite Bangkoks: der Wat-Phra-Kaeo-Tempel (oben, links), Mönche im berühmten Wat-Pho-Tempel (unten, links) und die Tänzerinnen vor dem Erawan-Schrein sind nur drei Beispiele für die reiche Kultur des Landes.
Der »schwimmende Markt« von Damnoen Saduak in Thailand (oben).

Um 1300 gegründet, leben heute etwa 100 000 Menschen in der nordthailändischen Stadt Chiang Mai. Zahlreiche Tempel, etwa Wat Bupparam und Wat Chang Man (oben, links u. rechts), beherbergt die Stadt, die in ihrer ruhigen Ausstrahlung kaum einen größeren Kontrast zur Metropole Bangkok bilden könnte.
Am berühmten Fluß Kwai im Zentrum Thailands gelegen: die Stadt Kanchanaburi (unten).

Noch immer unberührt wirkt Thailand im Norden, in den Bergen von Chiang Mai, wo die Mohnfelder blühen, die Luft klar ist und Neubauten noch selten sind. In Chiang Mai sind die Preise niedrig, die Hotels komfortabel, die Holzschnitzereien und Wandmalereien exzellent; sie zeugen von der reichen Tradition des Landes. Ein guter Ausgangsort ins Grenzgebiet zu Birma, das inzwischen Myanmar heißt – zu weit hineinwagen sollte man sich aber nicht. Der Drogenhandel läßt sich nicht gerne in die Karten schauen.

Im Süden gehört die Inselwelt von Ko Chang zu den weniger erschlossenen Gebieten. Hier an der Grenze zu Kambodscha sind die Korallenriffe noch bunt, die Strände sauber. Die Hotelkultur dort ist noch nicht auf westliche Ansprüche ausgerichtet – Fluch oder Segen, die Zukunft muß dies erweisen. An der Grenze zu Laos sind in den großen Bereichen unberührter Natur noch freilebende Elefanten zu Hause.

Die Landschaften am Mekong schließlich, besonders im Grenzgebiet zu Laos, haben noch nicht zu viele Touristen angelockt. Der Phu-Kradung-Nationalpark entlohnt den Besucher, der etwas Zeit mitbringt, mit dem Blick auf bunte Vögel, behende Affen, freilaufende Elefanten, Monsunwälder und Rhododendren, die bis zu Baumgröße aufwachsen.

Auch wenn man lange vorher reservieren muß und die Züge meist bis zum letzten Platz besetzt sind, lohnt sich eine Fahrt mit der Eisenbahn von Nord nach Süd, auf einer Strecke, die von den Engländern in den zwanziger Jahren gebaut worden ist. Tausend Kilometer, 18 Stunden, teuerste Karte: 80 Mark. Dabei fährt man auch über den Fluß Kwai, Schauplatz einer wirklichen Begebenheit und eines großen Filmdramas. Über den Kwai auch gelangt man in das vielleicht verschlossenste Land Asiens, das geheimnisvolle Birma, das seit 1989 Myanmar heißt.

Der kleine Hafeneingang mit den malerischen Fischerbooten (oben) liegt auf der Insel Ko Chang. Mit ihr ist der Tourismus bislang noch pfleglich umgegangen.
Ein Roman und ein Film machten sie weltberühmt: die Brücke am Kwai (unten). Im Zweiten Weltkrieg als wichtige Nachschub-Verbindung zerstört und später wiederaufgebaut.

MYANMAR

Das goldene Dreieck

Dies Land macht es einem mit seinem Namen nicht leicht. Die Einheimischen nennen ihre Nation Myanmar, wir Deutschen haben von den Franzosen die Bezeichnung Birma übernommen, die Briten, die das Land kolonialisierten und im Zweiten Weltkrieg bitter umkämpften, nennen es Burma. Die Einreise ist umständlich und die Erkundung auf bestimmte Gebiete beschränkt. Das liegt einmal an Rebellen-Aktivitäten in den Bergen und zum anderen an der Sorge der Machthaber, Fremde könnten ihre Methoden und Allüren aufdecken und kritisieren.

Von Bangkok im benachbarten Thailand aus ist es nicht weit bis zur Eisenbahnbrücke über den River Kwai, die den Japanern im Zweiten Weltkrieg als Nachschubscharnier diente. 16 000 westliche Kriegsgefangene und 100 000 asiatische Kulis sollen beim Bau der Bahn umgekommen sein. Die Strecke führte nach Moulmein – einst eine blühende Hafenstadt. Exportware war vor allem das Teakholz. Heute ist Moulmein verschlafen und verfallen. Aber die Lage zwischen dem Meer mit vielen kleinen grünen Inseln und den Bergen, übersät mit malerischen Tempeln, macht Moulmein zu einem Geheimtip für Asienreisende. Man erreicht es am besten über die Hauptstadt Rangun, etwa 70 Kilometer weiter im Norden. Der Flughafen der Hauptstadt ist für die allermeisten Besucher der Ort der Ankunft in Myanmar. Am Flughafen lassen sich die Gäste auch am besten kontrollieren.

Rangun, die Hauptstadt von Myanmar (unten die Karaweik-Halle und der Königliche See), ist die Heimat von rund zweieinhalb Millionen Menschen und das wichtigste Industriezentrum Myanmars. Der Seehafen und der internationale Flughafen sind die Verbindungen zur Welt.

Rangun hat sich ungemein herausgemacht in den letzten Jahren, das hat auch mit der Farbe zu tun, die man der Stadtkulisse angedeihen ließ. Das sozialistische Grau-in-Grau weicht auch hier mehr und mehr der Farbenpracht, die das gesamte Land ausmacht. Gold ist die Hauptfarbe, sie strahlt einem weithin sichtbar von der Shwe-Dagon-Pagode entgegen, einem der größten buddhistischen Bauwerke in Asien. Die Pagode soll sogar acht Haare vom Haupte des Religionsgründers bergen.

Die Shwe-Dagon-Pagode aus dem Jahre 1564 (oben) gilt als Wahrzeichen Myanmars. Über 110 Meter hoch, ist sie nahezu vollkommen mit Gold überzogen. Unten: die »Pagodenfeger« (links) und ein geschnitztes Detail dieses buddhistischen Heiligtums, das auch Ziel vieler Wallfahrer ist.

Der Fluß Irawadi (oben), der in China, kurz vor der Grenze zu Myanmar entspringt, durchfließt das ganze Land, bis er sich bei Rangun ins Meer ergießt. Sein Lauf passiert auch die Stadt Mandalay im Zentrum Myanmars. Dort steht das zweite Landes-Heiligtum, die Arakan-Pagode (unten).

Aber es ist nicht das britisch-koloniale Rangun, das die Reise nach Myanmar so lohnend macht, sondern es sind die Landschaften und Städte am majestätischen Irawadi-Fluß weiter im Landesinneren. Mit dem Flugzeug sind sie eigentlich schnell zu erreichen, doch die wenigen Maschinen sind entweder ausgebucht oder ausgefallen.

Ich habe einmal die gesamte Reise bis nach Lashio, an der chinesischen Grenze, per Eisenbahn gemacht – ein Erlebnis für sich. Die Züge waren meist so überfüllt, daß der Ein- und Ausstieg durch die Wagenfenster erfolgte. Im Innern fühlte man sich eher in einem Camp als in einem Eisenbahnwaggon, mit den lagernden Familien, den betenden Mönchen, den rauchenden Soldaten auf dem Einsatz in die Rebellengebiete und den auf- und abspringenden Händlern, die Süßigkeiten, Früchte und Reliquien anbieten. In Mandalay, der prächtigen Palast- und Tempelstadt der letzten Könige von Myanmar, ist die Fahrt für den Fremden eigentlich zu Ende. Danach beginnt das Sperrgebiet. Daß mein Team und ich weiterfahren durften, hat mit einer Begebenheit am Tegernsee in Bayern zu tun. Dort pflegten die Militärherrscher von Myanmar gelegentlich Urlaub zu machen. Bei einem zwanglosen Umtrunk wurde mein Wunsch nach einer Reise ins Landesinnere per Dekret in die Tat umgewandelt. Ab Mandalay fuhren wir denn auch im Salonwagen der Regierung, von den Südkoreanern gebaut und an eine altertümliche Lokomotive, die noch aus britischer Kolonialzeit stammt, angehängt. Hinter Mandalay beginnt der Zug den Aufstieg in die Berge. Dabei haben die britischen Ingenieure keine Kurven angelegt, sondern über zwanzig Weichen. Im Zickzack geht es also auf die Hochebene von Maymyo, der ersten »verbotenen« Stadt. Sie war einst ein Luftkurort der Briten, man erkennt es noch an den viktorianischen Bauten.

Ein Erlebnis an sich ist dann die Fahrt über die Gokteik-Brücke. Sie ist 750 Meter lang und führt über eine 300 Meter tiefe Schlucht. Sie wurde vor fast 100 Jahren als Provisorium gebaut, im Krieg mehrmals zerstört und wieder zusammengeflickt, und sie widerspricht allen Sicherheitsbestimmungen, die wir in Europa kennen. Lokomotivführer U Tuon Shein hat die Brücke schon zweihundertmal überquert, aber immer noch macht er vorher und nachher eine Geste, die unserem Kreuzzeichen ähnelt.

Der Zweite Weltkrieg zerstörte Tempel, Pagoden, Klöster; in Mandalay sind glücklicherweise noch zahlreiche religiöse Stätten erhalten, unter ihnen die Sandamani- (oben) und die Maha-Lawka-Pagode (unten, links); der Erhaltung mißt man inzwischen große Bedeutung zu.

Nach der Gokteik-Brücke beginnt das Land der Shan. Sie befinden sich seit der Unabhängigkeit der Nation, nach dem Zweiten Weltkrieg, in Aufruhr gegen die Zentralregierung. Einst wurden sie aus dem Ausland finanziert und von chinesischen Generälen, die auf der Flucht vor dem Kommunismus waren, geführt. Längst aber schon können die Shan aus eigenen Stücken ein gutes Leben führen mit dem Ertrag der Mohnfelder, die sie in ihrem Machtbereich anlegen. Das Rauschgift hat sie zu Herren im sogenannten goldenen Dreieck gemacht, das zwischen Myanmar, Thailand und China liegt. Erst Ende 1959 hat ihr oberster Opiumlord, Khun Sa, Frieden mit den Militärherrschern in Rangun geschlossen. Seite an Seite mit den pensionierten Diktatoren der Nachkriegsgeschichte lebt Khun Sa in einem hochherrschaftlichen Sperrbezirk mitten in der Hauptstadt.

Schlafmohn – die Basis für die Opiumherstellung (oben u. rechts), in Myanmar ein bedeutender Wirtschaftsfaktor. Knapp 200 Kilometer von Mandalay entfernt liegt Pagan, der bedeutendste kulturgeschichtliche Ort des Landes: Um 850 gegründet, war er einst Hauptstadt des ersten birmanischen Reiches. Mehr als 800 kultische Bauwerke – meist aus Ziegeln gemauert und mit Stuck überzogen – sind hier noch erhalten, darunter etwa der rund 55 Meter hohe Ananda-Tempel (unten). Der am Irawadi-Fluß gelegene Tempelbezirk von Pagan (Seite 111) ist bei einem Erdbeben 1975 teils arg in Mitleidenschaft gezogen worden.

Dagegen lebt die schöne und stolze Aung San Kyie, die Tochter des Staatsgründers, unter Hausarrest, und zwar ganz einfach, weil sie für die Demokratie kämpft und dafür auch einen Nobelpreis erhielt. Je mehr sich das Land in Hinterindien aber schon aus wirtschaftlichen Gründen dem Warenverkehr und dem Tourismus öffnen muß, um so weniger können die Machthaber den Demokratiewillen der Einwohner geheimhalten. Noch aber ist Myanmar ein verschlossenes Land – sozusagen ein Geheimtip.

Die größte Sehenswürdigkeit von Myanmar, die Ruinenstadt von Pagan nämlich, ist jedoch allen Touristen zugänglich. Im wahren Sinn des Wortes, denn durch die ebenso großartigen wie riesigen Anlagen kann man sich nur zu Fuß bewegen. Nirgendwo habe ich mich dem »asiatischen Wesen« so nahe gefühlt, wie nach einem erschöpfenden Tag durch das heilige Pagan und einem goldenen Sonnenuntergang über dem majestätisch fließenden Irawadi-Fluß. Ob nun Birma, Burma oder Myanmar, in diesem vergoldeten und verwinkelten Land kann man der Welt schon ganz schön entrückt sein.

INDIEN

NICHT NUR EIN MÄRCHEN

PAKISTAN · BANGLADESCH
SRI LANKA

प्रयागघाट

Varanasi (Seite 112-113), im Bundesstaat Uttar Pradesh, ist die bedeutendste Pilgerstadt der Hindus: Über 1500 Tempel und Kultstätten finden sich in ihren Mauern. Sechs Kilometer des Ganges-Ufers von Varanasi sind heiliges Land. In Jaipur, der Hauptstadt des Bundesstaates Rajasthan, steht der Palast der Winde (oben). Seine kunstgeschichtlich hochinteressante, fünfstöckige Fassade entstand im 18. Jahrhundert.

Indien ist ein Märchen und ein Greuelmärchen. Jedenfalls wurden so meine Vorstellungen von diesem riesigen Land schon als Kind geprägt. Ich erinnere mich an eine Karikatur aus dem »Völkischen Beobachter« im Dritten Reich. Da sah man dürftig bekleidete Elendsgestalten, in die landestypischen, aber vollkommen durchlöcherten Saris gewandet, unter der Knute von rotbackigen Offizieren in englischen Uniformen – die Karikatur sollte zeigen, wie der britische Feind sein indisches Hilfsvolk verschmachten läßt.

Gleich nach dem Krieg, als es noch eine deutsche Filmindustrie gab, hat mich der Streifen »Tiger von Eschnapur« tief beeindruckt, mit den prächtig bekleideten Maharadschas in ihren großen und bunten Palästen. Jetzt sind die meisten Inder, auch ohne englische Kolonialherren, arm dran. Jetzt haben Konzernchefs und Politfürsten die Rolle der Herren übernommen.

Beide, das märchenhafte und das grauenerregende Indien, sind unübersehbar, es kommt nur auf die Annäherung an.

Allahabad ist ebenfalls eine alte hinduistische Pilgerstadt (links); hier treffen sich viele Gläubige einmal im Jahr zum Badefest – Magh Mela – am Ganges. Jaipur ist von einer sechs Meter hohen Mauer mit acht Toren umgeben. In ihrem Innern liegt der Stadtpalast mit seiner Säulenhalle (oben). Der Wasserpalast Jal Mahal von Gaitor (unten) – ein eindrucksvolles Bauwerk in der Nähe von Jaipur.

Der Hauptbahnhof von Bombay (oben) dokumentiert die Einflüsse der britischen Kolonialherren. Ihre Vorstellungen werden in zahlreichen Bauwerken augenfällig. Aber auch Politik, Wirtschaft und Sozialstruktur des modernen Indiens tragen überdeutlich den Stempel der einstigen Machthaber, deren Herrschaft 1950 endgültig beendet war.
Die Slums von Delhi markieren das untere Ende der sozialen Leiter Indiens: Privilegiert ist unter den Ärmsten, wer sich und seine Familie mit dem Sammeln und Sortieren von Müll vor dem Verhungern retten kann.

Bombay zum Beispiel, zur Zeit der britischen Herrschaft das Tor nach Indien – ein Triumphbogen wurde 1911 für George V. gebaut – begrüßt den Reisenden, der den Seeweg nimmt. Hinter diesem »Gate to India« türmen sich die Wolkenkratzer, reihen sich die Komforthotels. Es heißt, daß zwischen dem Hafen, dem größten Indiens, und dem Villenviertel auf Malabarhill mit seinen Hängenden Gärten der größte Reichtum des Landes massiert ist. Hier habe ich einmal eine Flottenparade erlebt mit hochglanzpolierten Schiffen, glänzend weißen Uniformen, stattlichen Offiziersepauletten, europäisch gekleidetem Publikum und einer Militärkapelle, die zuerst einen englischen Marsch und dann das deutsche »Guten Abend, Gute Nacht« spielte. Indiens Flotte ist die zweitgrößte in Asien, und für ihre Streitmacht gibt die Regierung mehr Geld aus als für Gesundheit, Soziales und Erziehung zusammen.

Wenn man allerdings den Schienenweg nimmt, der schon 1850 von den Briten gelegt worden ist, zeigt sich ein anderes Bombay. Schon lange bevor man die Zwölf-Millionen-Stadt sieht, steigt sie einem in die Nase. Der Geruch aus Kloake, Gewürz, Rosenwasser und Waschmittel prägt sich für immer als »indisch« ein.

Bombay besteht vor allem aus Slumvierteln, »Zopadpatties«. Nirgendwo in der Welt, nicht einmal im benachbarten China, leben so viele Menschen gedrängt auf- und nebeneinander. In einem besonders armen Zopadpattie sollen es 500 000 auf einem Quadratkilometer sein. Zwischen dem riesigen Elendsviertel und dem eleganten Küstenstreifen gibt es dann noch ein drittes Bombay: das der Händler, der Tempel, der Märkte und der unglaublichen Farbenpracht.

So heiratet man in den »besseren Kreisen« von Delhi (oben): Der Kontrast zwischen Arm und Reich, zwischen Slum- und Villenbewohnern könnte kaum deutlicher ausfallen. Das Kastensystem und die Nachwirkungen der Kolonialzeit tun ein Übriges, die Zustände zu konservieren. Arbeit als Gemüseträger auf dem Crawfort-Market in Bombay (unten) ist ein gesuchter Job für Abertausende von Indern, die aus den Dörfern in die Metropole wandern.

Die Heiligen Kühe – Symbol indischer Religiosität, doch kein Symbol der Einheit: In Indien existieren viele Religionen nebeneinander. Buddhismus, Hinduismus, Sikh, Islam, Christentum – eine Mischung, die immer wieder heftige Spannungen heraufbeschwört.
Die rund 14 Millionen Sikhs, die 1966 mit Punjab einen eigenen Bundesstaat erhielten, stehen immer wieder im Zentrum gewalttätiger Auseinandersetzungen (unten, links: ein junger Sikh).

Weil Bombay das Tor zur Welt bildet, haben sich Inder aller Farben und Kasten hier zusammengefunden. Da sind die kleinen, dunkelhäutigen Tamilen aus dem Süden, die stolzen, großen Brahmanen aus dem Norden, die man auch die Arier Indiens nennt, die kriegerischen Sikhs, die unter dem Turban ihr ungeschnittenes Haar verbergen. Da gibt es buddhistische Mönche in gelben Gewändern, katholische Nonnen aus dem nahen Goa, einst von den Portugiesen kolonialisiert, dazu die Anhänger der Mehrheitsreligion, des Hinduismus, mit ihren vielen bunten Tempeln, und die merkwürdigen Parsen, die auf ihren Todestürmen, unterhalb des Malabarhügels, ihre Verstorbenen den Geiern preisgeben. Märchen und Greuelmärchen nebeneinander.

Nur eine Rasse findet man weder in Bombay noch in Indien selbst, nämlich die Indianer. Aber bis heute heißen die Inseln in der Karibischen See, die Christoph Kolumbus einst fälschlich als Teil des Landes am Ganges bezeichnet hat, die Westindischen Inseln. Dafür hat es viele Inder auf diese Karibischen Inseln verschlagen. Zu ihnen gehört der Dichter V.S. Naipaul, geboren in Trinidad. Er hat Bombay als die Stadt beschrieben, in der man entweder in zuviel Menschheit untergeht oder in einer indischen Geruchswolke himmelwärts strebt. Ohne Märchen und Greuel wird in Bombay die beste Küche angeboten. Man kann sie zum Beispiel in kleinen vegetarischen Imbißstuben kosten oder auf der Dachterrasse des Traditionshauses Taj Mahal mit Blick über die Innenstadt.

Gleich, ob man sich von diesem »Gateway to India« nach dem Norden oder nach dem Süden der Nation wendet, die Begleitung durch das Geschwisterpaar Traum und Alptraum bleibt. Die meisten Inder leben heute keineswegs nur in einer materiellen Welt, sondern auch in einem spirituellen Raum. Das hilft selbst über den Gegensatz zwischen reich und arm hinweg. Die meisten glauben an den Hinduismus, an die Wiedergeburt, die Seelenwanderung. Die Anhänger des orthodoxen Jainismus tragen sogar immer eine Maske vor dem Gesicht, um nur ja nicht aus Versehen einen Moskito einzuatmen und damit einem Tier etwas zuleide zu tun. So etwas würde ihre Seelenwanderung unziemlich verlängern. Die Bilder von der Heiligen Kuh, die den Verkehr der Großstadt aufhält, gehören zu den Klischees von Indien.

Indien übt auf westliche Sinnsucher eine geradezu magische Anziehungskraft aus. Ob Gandhis Philosophie der Friedfertigkeit, Bagwans Heilsversprechen, ob Kontemplation in einem modernen Ashram (oben), die Abgewandtheit des Bettelmönchs in Varanasi (unten) oder die Hinwendung zum Leben, wie sie in den Skulpturen im Tempel von Madhya Pradesh (rechts) zum Ausdruck kommt – die Faszination einer anderen, einer neuen Sinngebung zieht Europäer wie Amerikaner in ihren Bann.

Für viele europäische Besucher liegt das Ziel ihrer Sehnsüchte gleich hinter Bombay, in der mittelgroßen Stadt Poona. Es hat sich zu einem Zentrum für die Anwendung der indischen Heilslehre auf westliche Gläubige entwickelt. Einer von den Gurus, Bagwan Sri Rajneesh, hat seine spezielle Lehre bis nach Deutschland, ja bis nach Amerika getragen. Auch nach seinem Tode strömen die westlichen Anhänger, die Sanjassin, weiterhin in sein Edelcamp in Poona. Wenn man zu Bagwan vorgelassen werden wollte, mußte man sich einer Aidsuntersuchung unterziehen und mit speziellen Reinigungsmitteln keimfrei waschen lassen.

Ich hatte ihn einmal gefragt, ob seine Botschaft auch den Armen hilft oder nur den reichen Europäern dient, die ihm zuliefen. Er meinte, »Religion ist der höchste Luxus der menschlichen Existenz. Die Armen verstehen Mozart nicht, das heißt nicht, daß Mozart nicht existieren sollte. Die Armen begreifen Picasso nicht, aber das ist nicht Picassos Schuld. Jene, die mich nicht verstehen, zählen nicht.« Sprach's und ließ sich in einem seiner 100 Rolls Royce in seine keimfreien Gemächer fahren.

Doch auch in Poona regiert der Geist des Gegensatzes. Hier lebte Mahatma Gandhi viele Jahre unter Hausarrest. Der Anwalt der Armen und eines gewaltlosen Widerstandes gegen die Kolonialherrschaft war von den Briten als Anführer festgenommen worden. Aber er konnte, an der Spitze des Millionenheeres der Armen im Lande, soviel Druck auf Großbritannien ausüben, daß im Jahre 1947 die Freiheit kam, doch mit ihr auch die Erblast ehemaliger Kolonien – das Chaos.

»Dessen Seele groß ist« bedeutet »Mahatma«, der Titel Gandhis, der mit friedlichen Mitteln für eine Unabhängigkeit Indiens kämpfte. Er »erfand« den zivilen Ungehorsam und versuchte, durch den gewaltlosen Widerstand die Einsicht seiner Gegner zu erreichen. Sein Bemühen, Indiens Einheit zu erhalten, scheiterte 1947 an den tiefgreifenden Konflikten zwischen Moslems und Hindus. Die blutigen Kämpfe konnte er schlichten, die Teilung folgte dennoch. 1948 wurde Gandhi von einem fanatischen Hindu erschossen.
Die Schönheit der Bilder (unten und Seite 123 oben) trügt: Kein Ende der Auseinandersetzungen zwischen Tamilen und Singhalesen ist auf der Insel Sri Lanka abzusehen.

Indien spricht so viele Sprachen, daß die Inder sich eigentlich nur auf Englisch verständigen können. Es kennt so viele Geschmäcker, daß öffentliche Bauten im englischen Stil errichtet werden müssen. Und es hat so wenig politischen Eigensinn entwickelt, daß es sich nach der englischen Art der Demokratie richtet. Aber westlicher Parlamentarismus und indische Lebensart – das paßt bis heute nicht zusammen.

1947 mußte »die Freiheit« auch durch eine Teilung erkauft werden. In einer Völkerwanderung ohnegleichen versuchten sich Anhänger der beiden größten Religionsgemeinschaften – Islam und Hinduismus – voneinander zu lösen. Pakistan, ein Moslemstaat, entstand. Noch einmal 20 Jahre später muß Pakistan wiederum seinen Osten freigeben, den heutigen Nationalstaat Bangladesch.

Mahatma Gandhi wurde bereits 1948 durch einen Hindu ermordet. Sein politischer Erbe, Nehru, machte aus Indien die stärkste Kraft innerhalb einer neuen Bewegung, die der sogenannten Dritten Welt. Sie sollte einen Mittelweg einschlagen zwischen dem Kommunismus und dem Kapitalismus. Zugleich schuf sie aber auch einen riesigen Bürokraten-Apparat, der mehr an seine Selbsterhaltung denkt als an das Wohl der Massen. Die Steuergelder flossen vor allem in die Industrialisierung. Im Mai 1974 markierte Indien mit einer unterirdischen Atomexplosion sein Terrain auf der Technologielandkarte der Welt. Zehn Jahre lang dominierte dann Nehrus Tochter, Indira Gandhi, die Politik ihres Landes. Und es erschien vielen Frauen wie ein Märchen, daß ausgerechnet in ihrer männerbeherrschten Gesellschaft eine Frau regierte – die mächtigste Frau der Welt.

Bald folgten ihr in Pakistan und Bangladesch und auf der vorgelagerten Insel Sri Lanka ebenfalls Frauen an die Macht. Aber auch diese geballte weibliche Kraft konnte nicht verhindern, daß jedes fünfte Kind getötet wird, sollte es sich als weiblich erweisen. Und wenn sich das feminine Geschlecht schon im Mutterleib bestimmen läßt, erblickt es gar nicht erst das Licht der Welt. Die meisten armen Eltern glauben, daß nur Söhne ihren Lebensunterhalt garantieren und fürchten die Mitgift, die sie ihren Töchtern mit in die Ehe geben müssen. Sowohl die Früherkennung wie die Mitgift sind nunmehr gesetzlich untersagt. Aber es ist schwer, mit Traditionen zu brechen.

Im Kampf gegen das größte Problem ihrer Länder hat jedoch überall die politische Führung versagt. Und das ist der Kampf gegen die Bevölkerungsexplosion. Indira Gandhi sagte mir einmal in ihrem britischen Kolonialpalast in Neu Delhi: »Warum sollen eigentlich nur die Frauen für die Empfängnisverhütung sorgen und nicht auch die Männer?« Aber die Experimente mit der Vasektomie, dem Durchtrennen des männlichen Samenleiters, haben überall zu solchen Unruhen geführt, daß sie bald wieder abgebrochen werden mußten.

Dazu kommen die Spannungen und Kriege zwischen den Völkern auf dem indischen Subkontinent. Sie sind nach wie vor religiöser Natur. Auch heute wieder rasseln Moslems und Hindus mit den Säbeln, drohen Auseinandersetzungen zwischen Pakistan und Indien. Auf der vorgelagerten Insel Sri Lanka tobt schon seit langem ein Bürgerkrieg zwischen den aus Indien stammenden Tamilen und den einheimischen Singhalesen. Und im Norden kämpfen die militanten Anhänger der Sikh-Religion um einen unabhängigen Staat.

Am 15. August 1947 entstand der unabhängige Moslemstaat Pakistan nach langen und schweren Konflikten zwischen Hindus und Moslems als Abtrennung von Indien. Doch leben auch in Pakistan Angehörige religiöser Minderheiten und verschiedener Volksstämme. Politisch, religiös und ethnisch begründete Auseinandersetzungen erschüttern das friedliche Zusammenleben immer wieder. Mit Benazir Bhutto war Pakistan übrigens der erste islamische Staat, der von einer Frau regiert wurde. Sie mußte ihr Amt 1996 unter dem Vorwurf der Korruption niederlegen.
Die Bilder unten: Angehörige des Bugti-Stammes (links) und eine Baluchi-Nomadin (rechts) in Pakistan.

Rund 30 Kilometer vor der Grenze zu Pakistan liegt das 1577 gegründete Amritsar im Bundesstaat Punjab. Sein Goldener Tempel (rechts) ist das Heiligtum der Sikhs.
Der alte Musiker (unten) spielt im Fort Jaisalmer im Bundesstaat Rajasthan.
Auf dem Dal-See in Kaschmir liegen Ferienwohnungen besonderer Art: Hausboote, die der Urlaubsgast mieten kann. (Seite 125, oben).
In nächtlicher Illumination: der Maharadscha-Palast von Mysore, der 1897 fertiggestellt wurde (unten links), und das Innere des Palastes von Udaipur (unten rechts) zeugen von den reichen und vielfältigen Traditionen Indiens. Udaipur war bis 1948 Hauptstadt des hinduistischen Fürstenstaates, der jedoch in Rajasthan aufging. Die Stadt beherbergt auch eine Maharadscha-Residenz von besonders kostbarer Ausstattung aus dem Jahre 1570.

Als Indira Gandhi gegen das Sikh-Heiligtum, den goldenen Tempel von Amritsar, militärisch vorgehen ließ, wurde sie das Opfer eines Attentats. Seit diesem Junitag im Jahre 1984 hat Indien zweifellos an politischer Faszination verloren und auch immer mehr an zentraler Machtkonzentration eingebüßt. Gerade das aber hat die Tradition gestärkt und damit wiederum die Attraktivität für den Touristen erhöht. Die schamlose Geldvermehrung der Reichen ist auch in den Wiederaufbau der ramponierten Paläste geflossen. Die Vernachlässigung der Dörfer hat das bäuerliche Leben in anmutiger Ursprünglichkeit bewahrt. Man kann wohl nirgendwo beschaulicher Urlaub machen als in den Hausbooten von Kaschmir – nach Art der britischen Kolonialherren im 19. Jahrhundert. Man kann sich wohl kaum irgendwo anders so gut erholen wie in der Gartenstadt Bangalore, die unter tropischer Blumenpracht fast erstickt. Die Zeit scheint stehengeblieben in Mahabalipuram am Indischen Ozean, ein Fischerdorf mit einem riesigen Strand, verlassenen Tempeln und nur vereinzelten Touristen. Es ist dieses rückständige Indien, das auf uns märchenhaft wirkt und deshalb zu einem solch reizvollen Reiseland wurde.

H.B.ARIF
HIMALYA

In Varanasi, dem wichtigsten Pilgerort der Hindus, führen genau 47 Treppen von jeweils einhundert Stufen zum Ufer des Ganges hinab – der Weg zum rituellen Bad im Fluß. Zahlreiche Tempel in der vorchristlichen Stadt wurden während der Moslem-Herrschaft um 1200 zerstört. Varanasi ist auch der Knotenpunkt der Infrastruktur in der mittleren Gangesebene: Große Bedeutung haben die Textilindustrie und andere Wirtschaftszweige.

In Varanasi, das früher Benares hieß, spielt sich das religiöse Bad im Ganges noch genau so ab, wie es der Schriftsteller Aldous Huxley am 14. Januar 1926 erlebt hat: »Es waren, gering geschätzt, eine Million Menschen, die an diesem Morgen ins Wasser gingen, eine Million. Tag und Nacht waren sie vorher in die Stadt geströmt, barfuß, eine endlose und schweigsame Prozession. Reih um Reihe stürzten sie sich in das Wasser, wuschen sich und tranken und sagten Gebete, schneuzten ihre Nasen und machten dann, von Polizisten gedrängt, Platz für eine andere Reihe der geduldigen Million. Wir ruderten auf und ab und machten Fotos. Der Westen ist der Westen.«

Noch über 70 Jahre später hatte sich an dem Zeremoniell nichts geändert. Heute drängen sich nur noch mehr Fotografen um die Massen, die im heiligen Ganges ihr Bad nehmen. Bei der Kumb Mela, dem Fest des Nektars der Unsterblichkeit 1989 in Allahabad, waren es zwei Millionen, die das Ganges-Wasser tranken oder in seinen heiligen Fluten auf ihren Tod warteten.

Die indische Regierung nur läßt das Fotografieren und Filmen, vor allem der Berufskameraleute, nicht mehr so ohne weiteres zu. Das Bild schadet dem Image der Nation als einem fortschrittlichen Staat. Dieses moderne Indien zeigt lieber die Elektronik und Flugzeugindustrie in Bangalore, die Stahlwerke von Rourkela und die Filmindustrie von Kalkutta – weit lieber als die Kulis von Kalkutta, die Kinderarbeit und die Mission der verstorbenen Mutter Theresa.

Das Märchenhafte und das Grauenhafte sind in Indien nur dort etwas weiter voneinander entfernt, wo die Landschaft zu karg oder zu hoch für zu enge menschliche Nachbarschaft ist. Im Bundesstaat Rajasthan, zum Beispiel, trennt die Wüste die malerischen Städte voneinander. Einer Fata Morgana gleich erheben sich im Sand die gelben Mauern von Jaisalmer. Und von der hohen Festung Jodhpur aus schaut man nicht nur weit ins Land, sondern hört die Laute der Menschen und Tiere, wie auf Kurzwelle – Göttergeflüster sagen die Einheimischen.

Im Nordwesten Vorderindiens und zum kleineren Teil in Pakistan erstreckt sich die über eine Viertelmillion Quadratkilometer große Wüste Thar (oben, links). Am südöstlichen Rand von Thar liegt die Stadt Jodphur, bedeutendes Wirtschaftszentrum der Region – einer ihrer zahlreichen Paläste ist Umaid Bhavan (unten).

Das Rote Fort in Alt Delhi (unten, rechts) entstand zwischen 1639 und 1648; in seinem Innern befindet sich auch die hochinteressante Perlenmoschee (oben). Die India Gate in Neu Delhi (unten) – Wahrzeichen eines eigenständigen Aufbruchs in die Moderne.

Von der Götter- und Märchenwelt Indiens hat mich am meisten das Wagenfest von Puri beeindruckt. In einer Vollmondnacht Ende Juni, Anfang Juli rollen die Gläubigen ihre Götter aus den Tempeln, allen voran Jagannath, 14 Meter hoch und auf 16 Rädern. Dieser Herr des Weltalls macht keinen Unterschied zwischen den hohen und niedrigen Ebenen im Kastensystem Indiens, und deshalb folgen ihm die Millionen.

In den heiligen Reliefs des Tempels von Konarak nahebei, spiegeln sich nicht nur die Wünsche, sondern auch die Lüste der Menschen, ganz unübersehbar auch die Fleischeslust. Hier spannt Indien den Bogen vom Diesseits zum Jenseits, vermischt sich die Freude mit der Askese. Der Fremde muß sich allerdings mit einer ziemlich einfachen Unterkunft zufrieden geben.

So geheimnisvoll die Bräuche, so verborgen oft die Schätze, so exotisch die Genüsse – für den Besucher ist es dennoch leicht, Indien an einem Fallbeispiel zu studieren. Wenn er nämlich ganz einfach in die Hauptstadt Neu Delhi reist. Da ist das Taj Mahal nicht weit, das ist das architektonische Denkmal, das die Moslemherrscher der Moguln einst geschaffen haben. Da ist das alte Delhi mit seinem roten Fort, seinen verwinkelten Gäßchen und dem großen Bazar. Da ist die koloniale Hauptstadt der Briten mit dem weitläufigen Präsidentenpalast und den typisch englischen Grünanlagen. Da ist das moderne Delhi mit der Silhouette der Luxushotels, den großen Villen und den großzügigen Alleen. Auch wenn die Perser hier vor 250 Jahren zwei Prunkstücke geraubt haben, nämlich den Pfauenthron sowie den Kohinoor-Diamanten, so ist doch Delhi selbst eine Schatzkammer der Architektur und der Geschichte.

Zwischen 1632 und 1654 ließ der Mogulherrscher Schah Dschahan sein Grabmal erbauen: Das Taj Mahal in der Stadt Agra im Bundesstaat Uttar Pradesh ist in seiner symmetrischen Architektur geradezu ein Klischee unseres Indien-Bildes geworden. Agra ist heute eine höchst lebendige Stadt, in der Tradition und Fortschritt, moderne Industrie und jahrhundertealte Basare nebeneinander den besonderen Reiz der einstigen Hauptstadt des Mogulnreiches ausmachen.

In Delhi zeigt sich ganz überdeutlich, daß sich die Rassen und Religionen trotz ihrer Gegensätze und ihrer Fliehkräfte nie ganz voneinander entfernt haben. In dieser Hauptstadt der Hindus ist ein moslemisches Minarett das Wahrzeichen, steht die Perlenmoschee nicht weit vom Buddhapark, zeigen sich Einflüsse der Christen vom fernen Goa, wie auch von Madras im Süden, wo die Juden ihre Synagogen haben. Delhi ist eigentlich ein Beweis dafür, daß die vielen Völker und Religionen Indiens sehr wohl miteinander harmonieren könnten, wenn sie der Lehre der Toleranz und der Gewaltfreiheit des Mahatma Gandhi folgten. Dann auch könnte dieser Vielvölkerstaat wieder ein Beispiel für die Welt abgeben.

Ein imposanter Blick vom Minarett der Großen Moschee in Alt Delhi (ganz oben); der 71 Meter hohe Turm der Kutub Minar (Seite 131), er dokumentiert die Blüte islamischer Baukunst in der indischen Hauptstadt. Ob Lebensmittel oder Kleidung – die Märkte Delhis bieten eine immense Vielfalt, die den westlichen Besucher in eine Welt der exotischen Farben, Formen und Gerüche eintauchen läßt.

DIE SEYCHELLEN

Zuflucht im Indischen Ozean

Obwohl weit näher an Afrika als an Asien gelegen, haben die Seychellen für die frühen Reisen nach Indien oder China immer eine große Bedeutung besessen: Zu Beginn des 16. Jahrhunderts von Portugiesen entdeckt, später von den Franzosen erobert und 1814 in britischen Besitz übergegangen, machten die Seeleute auf den Seychellen fest, bevor die Reise über den Indischen Ozean führte.

Indien hat der Welt viele Namen gegeben. Da sind die Indogermanen, zu denen wir Deutsche uns auch zählen. Da ist Hinterindien, eine Bezeichnung, die sich bei uns vor allem eingebürgert hat, wenn wir etwas besonders Fernes meinen. Da ist Indochina, das Zwischenreich, nicht mehr ganz indisch, noch nicht chinesisch. Da ist die Welt der zehntausend Inseln, die sich bis nach Australien erstreckt und Indonesien heißt. Und unter dem Indischen Ozean verbirgt sich eine frühere Landbrücke, vielleicht gar ein einstiger Kontinent, der Asien und Afrika verbunden hat.

Ein paar Brocken sind von diesem Kontinent übriggeblieben. Wir nennen sie die Seychellen. Ein Großteil dieser Landmasse, mitten im Indischen Ozean, besteht nicht eigentlich aus Inseln, sondern aus Bergspitzen, den Resten dieses untergegangenen Kontinents, dem sagenhaften Lemuria. Die Granitfelsen auf den Seychellen sind fast 600 Millionen Jahre alt – Erd-Urgestein. Heilende Kräfte sagen die Einwohner den Erdstrahlen auf den Granitinseln nach. Tatsächlich sterben die Einwohner der Seychellen erst im hohen Alter.

DER MALAIISCHE ARCHIPEL

WELT DER ZEHNTAUSEND INSELN

BORNEO · BRUNEI · SINGAPUR
MALAYSIA · INDONESIEN · BALI
NEUGUINEA

Verhangen und fast ein wenig unheimlich: der Blick aus einer Höhle im Urwald Borneos. Der überwiegende Teil dieser drittgrößten Insel der Welt ist von Wald bedeckt. Eine ganz besondere Frucht wächst dort an den Bäumen, die Durian- oder Stinkfrucht, die ihren deutschen Namen nicht zu unrecht trägt.

Eine Reise nach Borneo, der größten der zehntausend Inseln im Osten des Indischen Ozeans, ist Geschmackssache. In den tropischen Wäldern wächst die Durian, eine Frucht, die nach einer Mischung aus saurer Milch, Zwiebeln und überreifen Mangos riecht. Für die Liebhaber ein himmlischer Genuß. Für die Fremden eine »Stinkfrucht«, der man erst Geschmack abgewinnen muß. Nur wer sich auf das Eigenartige an Borneo einläßt, der kann es auch genießen.

Mir wurde das Erlebnis Borneo leicht gemacht, durch einen deutschen Ethnologen und einen Kulturbewahrer der Dajak. Das ist der Sammelbegriff für die etwa eine Million Ureinwohner der Insel, die meist noch in Langhäusern und in einer sonst vergangenen Zivilisation leben. Der Weg zu den Dajak ist beschwerlich. Er führt über Flüsse und Rinnsale, durch Nebelwolken und Moskitoschwärme. Aber er wird durch die Gastfreundschaft der Dajak und durch den Blick in eine exotische Welt belohnt. Lamin, das Langhaus, ist das Zentrum im Dorfleben der Dajak. Auf Stelzen gebaut, gegen wilde Tiere, Feinde und Überflutung, leben in einem Lamin an die dreißig Familien neben- und miteinander. Die Veranda des Langhauses ist so etwas wie eine Dorfstraße. Hier stampfen die Frauen den Reis oder flicken die Fischernetze, hier tätowieren sich die Männer gegenseitig oder treiben sich Pflöcke in die Ohren, hier finden die traditionellen Tänze und Gesänge statt, werden die Seelen der Toten beschworen und beschwichtigt. Dieser Besänftigung diente bis vor wenigen Jahrzehnten noch die Kopfjagd. Der feindlichen Trophäe kamen viele Aufgaben zu: Sie machte ein Dorf stark, sie vertrieb Krankheit und Hungersnot und hielt böse Geister auf Distanz. Die Enkel der Kopfjäger nutzen heute andere Mittel in ihren religiösen Zeremonien.

In einem Dorf hoch in den Bergen wohnte ich einem Zielschießen bei. In voller Kriegsbemalung schossen die Männer des Dorfes Pfeile auf einen Sack mit Gewürzen und Knochen, der an einem Pfahl befestigt war. Kulturbewahrer Sawing erklärte dazu: »So erlegen wir heute das Böse auf weniger dramatische Weise.«

Sawing versucht, die Tradition seines Dorfes vor fremdem Einfluß zu bewahren und die Menschen gleichzeitig zu integrieren. So konnte er »seine« Dajak davon überzeugen, daß die althergebrachte Brandrodung, zum Anbau von Feldfrüchten, den wertvollen Baumbestand immer mehr lichtet. Auch wenn diese Methode nicht zu vergleichen ist mit dem organisierten Kahlschlag, den Firmen von außerhalb der Insel betreiben. Der Kahlschlag vernichtet zum einen die nur langsam nachwachsenden Edelhölzer und zerstört zum anderen auch das ökologische Gleichgewicht, das Borneo zu einer grünen Lunge im Malaiischen Archipel macht.

Meist in den Wäldern Borneos leben die Dajak, die sich wiederum aus verschiedenen altmalaiischen Volksgruppen zusammensetzen. Unter ihnen der Stamm der Iban: Festtagskleidung und -stimmung in einem Iban-Dorf zeigen die Bilder oben, den Alltag dokumentiert das Foto auf Seite 142. Der Großteil Borneos, rund 75 Prozent, gehört zum indonesischen Staatsgebiet. Der restliche Teil entfällt auf Malaysia und den kleinen Staat Brunei. Tropisches Klima herrscht auf der gesamten Insel; Temperaturen und Luftfeuchtigkeit sind das ganze Jahr über sehr hoch.

An der Nordwest-Küste von Borneo liegt das Sultanat Brunei. Der Islam – die Moscheen machen dies augenfällig – ist Staatsreligion. Als Erdöl-Exportland kann der Sultan seinen rund 275 000 Untertanen zahlreiche moderne Sozialleistungen finanzieren. Weitere Ausfuhrgüter sind Kautschuk, Holz und Pfeffer.

In drei Nationen teilt sich die große Insel Borneo. Zu Indonesien gehört der Süden, zu Malaysia der Norden und ein Zipfelchen des Nordens wiederum bildet das unabhängige Sultanat Brunei. Diese winzige Nation am Äquator ist weltweit bekannt geworden durch ihren sagenhaften Reichtum. Die Attraktion von Brunei sind nicht die Regenwälder, die 95 Prozent des Landes bedecken, und nicht die Langhäuser der Ureinwohner, sondern das Heer von Ölpumpen vor der Küste. Die Einkünfte aus dem Erdöl bescheren den Bürgern ein sorgenfreies Leben. Sie zahlen keine Einkommenssteuer; Erziehungs- und Gesundheitswesen sind kostenlos. Und der Staat finanziert jedem, der meist gläubigen Muslime, die obligatorische Pilgerreise nach Mekka in Saudi-Arabien.

Wer was bekommt, entscheidet nicht ein Parlament, sondern der Sultan ganz allein. Er hat sich den größten Palast auf Erden mit über siebzehnhundert Zimmern im maurischen Stil erbaut. Er kaufte Großhotels in Singapur und London. Er besitzt über 100 Luxusautos, und er finanziert auch schon mal rechte Widerstandsgruppen in aller Welt. So gehörte der Sultan zu den Sponsoren der Kontra-Rebellen im mittelamerikanischen Staat Nicaragua.

Ein Garant der Sicherheit des Sultanats ist der britische Ölkonzern Shell, der das Ölgeschäft des Zwergstaates lenkt. Von dem Ölreichtum profitieren auch die Dajak, die als Gastarbeiter in Brunei arbeiten. Kulturbewahrer Sawing kommentiert: »Das Öl ist wie unsere Stinkfrucht, für die einen ist sie ein unendlicher Genuß, für die anderen hat sie einen faden Nachgeschmack.«

Die einzigartige Naturlandschaft Borneos, die dichten Urwälder und die Gebirgszüge machen die Insel zu einer Attraktion für den Reisenden. Die Bodenschätze und die Rohstoffe hingegen sind die Attraktionen für die Menschen der anderen Inseln des Archipels. Sie hoffen hier Arbeit zu finden; die Zuwanderung ist entsprechend hoch eine Entwicklung, die sich oft zu Lasten der Urbevölkerung auswirkt.

Die Bodenschätze und die unberührten Wälder des riesigen Borneo sind eine Verlockung für die Malaien aus allen Teilen des Archipels. Ihre Zuwanderung wird vom großen Malaienstaat Indonesien auch noch gefördert, durch »Transmigrasi«, durch gewaltige Umsiedlungsaktionen, die auch der Integration dienen sollen. Die Malaien leben nämlich auf zehntausend Inseln verstreut, sie sprechen so viele Sprachen wie das Jahr Tage hat, nämlich 365. Erst im 20. Jahrhundert bildeten sich Dialekte heraus, die zu Staatssprachen erhoben werden. Erst in diesem Jahrhundert auch haben sich eigenständige Nationen entwickelt.

Die Malaien sind friedliebend und konfliktscheu, sie erscheinen mir überhaupt als ein besonderes Volk. Sie sind freundlicher als die immer lächelnden Japaner. Sie sind anpassungsfähiger als die immer emsigen Chinesen, und sie sind toleranter als die immer umgänglichen Inder. Diese angenehmen Eigenschaften sind den Malaien allerdings nicht gut bekommen. Unter den Gebetsfahnen des Buddhismus und des Hinduismus kamen die Inder und machten sich die Inseln untertan. Sie haben aber auch Tempel gebaut wie Borobudur, an Glanz und Pracht nur mit Angkor Wat in Kambodscha und Pagan in Myanmar vergleichbar. Mit ihrem Geschäftssinn und ihrer Handelserfahrung haben sich die Chinesen auf dem Archipel breitgemacht. Sie haben aber auch die Dienstleistungsgesellschaft von Singapur errichtet, heute das Symbol für das asiatische Wirtschaftswunder.

Im Verlauf ihrer Geschichte waren die Malaien Diener vieler Herren und Anhänger vieler Religionen. Kurz nacheinander kam der Islam wie eine Sturmflut über die Inseln, dicht gefolgt von den Eroberern der europäischen Kolonialmächte. Die Portugiesen und die Holländer, die Spanier und die Engländer gingen nicht nur an die Ausbeutung der Bodenschätze, sie brachten auch die Eisenbahn, die Dampfschiffahrt und jene politischen Organisationsformen, die zu ersten nationalen Aufständen führten.

Erst unter der japanischen Fremdherrschaft, Mitte des 20. Jahrhunderts, waren alle Malaien vereint, wenn auch als Untertanen. Und erst seit der Befreiung durch die Amerikaner im Zweiten Weltkrieg begann für die Malaien das Zeitalter der Nationalstaaten. Sie entstanden innerhalb der kolonialen Grenzen, die Europas Handelsherren ganz willkürlich gezogen hatten. Der größte unter diesen Staaten ist Indonesien mit 170 Millionen Einwohnern, heute die drittgrößte Nation Asiens. Sie hat die Holländer beerbt und die holländische Hauptstadt Batavia in Djakarta unbenannt. Die Nation hat nur dort Krisen und Krisenherde heraufbeschworen, wo sie in das Gebiet anderer einstiger Kolonialherren eindrang, auf dem ehemals portugiesischen Timor und bei den Papuas im Osten der Insel Neuguinea.

Kunsthandwerk hat eine lange Historie auf Borneo; die Fertigkeiten, die Formen und Gestaltungen sind über die Jahrhunderte weitervererbt worden. In Malaysia leben neben Chinesen, Indonesiern, Indern und Pakistanern zahlreiche ethnische Gruppen der Malaien. Rund die Hälfte der Bevölkerung ist islamisch (unten, links: moslemische Schulkinder aus Kota Bharu). Die Unterschiedlichkeit der Kulturen hat immer wieder Spannungen heraufbeschworen.

Singapur, an der Spitze der Halbinsel Malakka, ist die konsequente Fortsetzung dessen, wofür das portugiesische und später das englische Kolonial-Engagement den Grundstein gelegt haben: eine der Wirtschaftsund Finanzmetropolen Asiens. Thomas S. Raffles' Denkmal (oben) versinnbildlicht diese Entwicklung, die auch in der Restaurant-Kultur oder den Vergnügungsvierteln der Städte ihren Ausdruck findet. Dennoch: die Tradition ist trotz aller Öffnung präsent.

Malaysia wiederum entstand aus dem Erbe der Briten. Es war insbesondere der Agent der britischen Ostindien-Gesellschaft, Sir Thomas Stamford Raffles, der die Bedeutung der Seestraße von Malakka entdeckte. Seine Handelsniederlassungen in Malakka selbst, auf der vorgelagerten Insel Penang und im Hafen von Singapur schufen die Keimzellen für den heutigen Staat, aus dem sich allerdings Singapur Ende der 1960er Jahre wieder gelöst hat. Dem britischen Agenten Raffles wurde mit dem gleichnamigen Hotel ein Denkmal gesetzt, und nach seinen Trinkgewohnheiten wird bis heute der Singapur-Sling gemischt – aus Gin nämlich, aus Kirschlikör, Limetten- und Ananassaft. Cointreau, Bénédictine und Angostura runden den herben Klassiker ab. Der Stadtstaat am südlichen Ende der Malakka-Staße gilt heute als Drehscheibe von Handel und Fremdenverkehr. Ich bewundere zwar den sichtlichen Wohlstand der Menschen, den Komfort der Großhotels, den architektonischen Höhenflug der Handelskonzerne, die Hygiene der Wohnkultur und die Güte der Gastronomie, aber ich habe Singapur immer nur als bequeme Raststätte auf dem Weg durch die Inselwelt angesehen und nie als Ziel an sich.

Die christliche Kirche in Melaka – eines der zahlreichen Symbole der europäischen Herrschaft in Malaysia; in manchen Teilen des Landes ist Englisch sogar noch zweite Amtssprache.
Ob Sonnenaufgang vor der Ostküste des Landes oder der Blick auf das Fischerdorf auf der Insel Pangkor, die Küstenregionen Malaysias sind malerische Flecken. Und sie sind weitenteils fast unberührte Natur, die zahlreichen Tieren einen sicheren Lebensraum bietet.

Das natürliche Hinterland für Ausflüge ist Malaysia gleich hinter der Grenze. Da sind die herrlichen Strände und die hölzernen Pfahlbauten an der Westküste, und da sind die kolonialen Fundgruben an der Ostküste. Mir hat es das etwas verschlafene und heute verwahrloste Melaka angetan. Die Stadt mit 100 000 Einwohnern wirkt auf mich wie ein Freilichtmuseum ohne kosmetischen Anstrich. Da ist die Ruine der Santiago-Kirche, 1521 von den Portugiesen erbaut, und damit das älteste koloniale Bauwerk im Archipel. Die Christuskirche wiederum, das schönste Beispiel holländischer Architektur, wurde aus jenen lachsfarbenen Ziegelsteinen errichtet, die von den holländischen Handelsschiffen als Ballast mitgeführt wurden. Einige englische Kolonialbauten erzählen vom Five o'Clock Tea und vom Clubleben. Jenseits des Malakkaflusses liegt Chinatown mit einem der prächtigsten Tempel in Malaysia überhaupt. An der Küstenstraße beeindruckt die mehrstöckige Tranquera-Moschee. Und gleich vor der Stadt ergänzen einige besonders schöne Malaien-Häuser das Bild der Vielschichtigkeit. Was in Melaka fehlt, wurde mir klar, als dort einmal mein Leihwagen seinen Geist aufgab: Kraftfahrzeugwerkstätten.

GOLDEN DOLLAR

Von Singapur aus kann man auch mit dem Schiff übersetzen, nach Pontianak auf der Insel Borneo oder auf die Insel Sumatra. Mir ist dort eine prächtige Hochzeit erinnerlich beim Stamm der Minangkabau. Da ging die Braut mit einem goldenen Kopfschmuck ohne Schleier, während die Brautjungfern, nach islamischer Sitte, ihre Köpfe verhüllten. Bei den Minangkabau herrschen die Frauen. Sie beaufsichtigen die Feldarbeit, sie managen auch die Familie – und das alles im Islam, eigentlich einer Männergesellschaft. In Minangkabau ist auch die Beschlußfassung durch Konsens traditionell. Sie heißt Gotong Royong, in jenem malaiischen Dialekt, der in Indonesien zur Staatssprache erhoben wurde. Die Leute von diesem Stamm, direkt auf dem Äquator, sind auch besonders aktiv in der Politik. Ein großer Teil der Beamtenschaft in Indonesien stammt aus Sumatra.

Sumatra (Seite 148) ist die zweitgrößte der sogenannten Sunda-Inseln und gehört zu Indonesien. Rund 30 Millionen Menschen leben auf der gebirgigen, niederschlagreichen Insel. Eine große Volksgruppe bilden die Minangkabau (unten: ein Dorf in der typischen Bauweise der Minangkabau), deren Lebensraum hauptsächlich im mittleren Teil der Insel liegt.

Jede Insel hat ihre Eigenart entwickelt, gerade das macht eine Reise durch den Archipel so abwechslungsreich. Andererseits aber läßt sich die Heimat der Malaien aus demselben Grund so schwer erforschen und ergründen. Man kann sie eigentlich nur punktuell erleben. Dabei halten sich Genüsse und Beschwernisse die Waage. Und die Durian-Frucht ist ein ständiger Begleiter auf den Gemüse- und Obstmärkten.

Bali – ein Wort, das an Palmen, Meer und exotische Blumen denken läßt. Doch dabei kommt die reiche Kultur der Balinesen zu kurz: opulent ausgestaltete Tempel, traditionelles Kunsthandwerk und die Gamelan-Musik (oben) sind nur drei der zahlreichen Ausdrucksformen.

Auf Bali, dieser fast unerträglich schönen Insel, hat der Islam kaum Fuß gefaßt, hat die Hindu-Religion den Lebensrhythmus bestimmt. Aber es ist in malaiischer Tradition eine lebensfreundliche Religion. Die Tempel stehen jedermann offen, das Gebet gerät immer zu einer Feier, sogar wenn es eine Totenfeier ist. Stets gehört auch Musik dazu »Gamelan« heißt sie und, obwohl nur auf Schlaginstrumenten gespielt, klingt sie melodisch.

Das Städtchen Ubud hat sich inzwischen zu einem Aussteiger- und Künstlerort entwickelt. Zwischen Musik und Malerei, tropischen Früchten und anmutigen Tänzen kann man sich in Ubud in Tagträumen verlieren, die Langeweile zu einem Fremdwort machen. Die Lebensfreude wird sogar vom Staat subventioniert. Ein Dorf, daß seine Kinder den Legong lehrt, einen der komplizierteren Tänze, wird für die Zeit der Feste von Steuern befreit. Jene, die weder Tanzen noch ein Instrument spielen können, nähen die Kostüme und arbeiten als Helfer. Der ausländische Besucher wundert sich oft, wann die Balinesen Zeit für den Schlaf finden.

Die Tempel reichen von der Grandezza des Muttertempels Besakih, hoch auf dem heiligen Berg Gunung Agung, bis zu den kleinen Schreinen, die man in jedem Haushalt findet. Der Reiz Balis hat die Fremden magnetisch angezogen. Als ihre Zahl noch kleiner war, haben sie das bunte Leben eher ergänzt, die Deutschen zum Beispiel haben die Malschule weiterentwickelt. An manchen Strandorten aber verdrängt heute der fremde Einfluß die einheimische Originalität. Eine hohe Geburtenrate und eine höhere Lebenserwartung haben auch zu einer Bevölkerungsexplosion geführt. Das, sagte mir ein alter Balinese, »macht das Atmen schwierig«. Wie so viele malaiische Inseln hat auch Bali immer wieder mit fremden Einflüssen fertig werden müssen.

Bisher, so scheint es, haben die Balinesen oft genommen, was ihnen nützlich erschien, verändert, was ihnen nicht so paßte, und das behalten, was ihr Leben ausmacht, nämlich ihre kulturelle Eigenständigkeit. Manchmal nur lassen sie eine leise Kritik anklingen, wenn sie in ihren typischen Schattenspielen oder über ihre Puppenspieler den Touristen nicht nur ihre einheimischen Traditionen und Legenden vorführen, sondern wenn sie auch einmal eine fremdländische Erscheinung karikieren.

Auch Schauspiel und Tanz nehmen neben dem althergebrachten Schattenspiel in der Kunst Balis eine wichtige Rolle ein. Unten: eine Zeremonie am Strand von Goa Lawah auf Bali.

Westlich von Bali geht zwar die malaiische Inselwelt nicht zu Ende, aber sie erfährt eine Trennlinie. Der englische Naturwissenschaftler Alfred Russel Wallace, ein Freund und Zeitgenosse von Charles Darwin, hat sie einst gezogen. Sie unterscheidet zwischen der asiatischen Fauna und Flora und der polynesischen Inselwelt. Wallace hat festgestellt, daß »alle Rassen östlich dieser Linie eine größere Affinität füreinander haben als zu den Rassen westlich dieser Linie. Daß die Malaien alle einen kontinentalen Ursprung haben, während die pazifischen Rassen auf einen vielleicht untergegangenen Kontinent zurückzuführen sind.« Tatsächlich beginnt jenseits dieser Wallace-Linie jene Region, die dem größten Staat der malaiischen Inselwelt, nämlich Indonesien, so viele Probleme beschert. Es ist vornehmlich die Heimat der Papuas. Größer noch als Borneo, ist Neuguinea die zweitgrößte Insel der Welt. Sie unterscheidet sich nicht nur dramatisch in Natur und Kultur von der malaiischen Inselwelt, sondern folgt auch einer unterschiedlichen Zeitrechnung.

Die Papuas sind dunkelhäutig und kraushaarig, sie ähneln den Aborigines in Australien, das ist nicht überraschend, weil die Landmassen einst zusammenhingen. Die Papuas leben meist im Hochland, fernab von allen Straßen, ihre Kleidung erscheint uns notdürftig. Die Männer tragen nur Feder- und Muschelornamente und die Koteka – einen Penisschutzschaft. Die Frauen tragen Grasröcke und Hanfrucksäcke, worin sie Schweinefleisch, Kartoffeln oder auch ihre Babys aufbewahren. Diese Rucksäcke schützen ihre Körper vor den Geistern, die am liebsten von hinten angreifen.

Im Jahre 1969 hat sich Indonesien den östlichen Teil von Neuguinea angeeignet. Der westliche Teil, zunächst von Australien verwaltet, ist ein eigener Staat, Papua-Neuguinea. Aber die Papuas sehen sich selbst als ein Volk des Pazifiks und nicht Asiens. Geschichte und Geographie haben da eine unsichtbare Trennlinie gezogen, in Neuguinea endet die Welt der Malaien.

Neuguinea wurde 1526 entdeckt. Und erst seit 1975 ist sein Osten selbständig, der Westteil gehört zu Indonesien. Der Großteil der rund vier Millionen Einwohner zählt zur Volksgruppe der Papua (oben), die wie andere Gruppen der Urbevölkerung (S. 152, unten) inzwischen besonderen Schutz genießen.

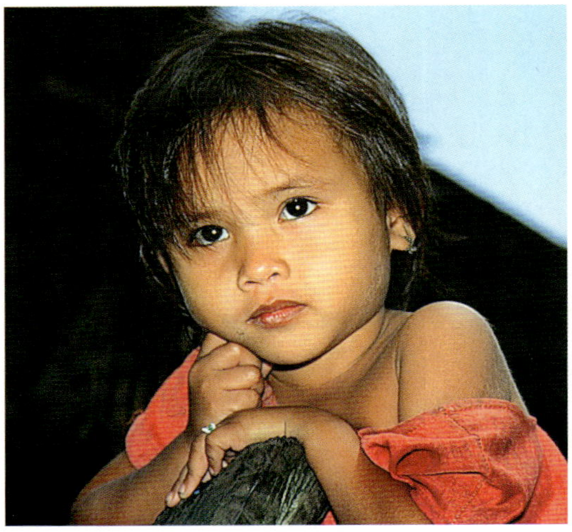

Auf Luzon, der Hauptinsel der Philippinen, leben auch die Ifugao, eine traditionsreiche Volksgruppe. Ein Krieger in seiner ursprünglichen Tracht (oben) und einige Frauen des Dorfes.

DIE PHILIPPINEN

Diener zweier Welten

Neben Indonesien und Malaysia bilden die Malaien noch einen dritten Großstaat in Asien. Aber Geographie, Geschichte und die Religion haben diesen Staat in eine ganz andere Entwicklung geführt. Die Philippinen grenzen nicht an den Indischen Ozean, sondern an den Pazifik. Sie sind Japan näher als Indien. Die islamische Welle hat sie nicht erreicht. Über WO Jahre Zugehörigkeit zum spanischen Kolonialreich hat aus den Philippinen eine katholische Nation gemacht. Sie haben auch nach ihrer Unabhängigkeit ihren kolonialen Namen, vom spanischen König Philipp II. abgeleitet, nicht verworfen. Die vielen Jahre unter Spanien haben so etwas wie ein nationales Zusammengehörigkeitsgefühl gebracht. Dies führte zur Rebellion des José Protasio Rizal, der als Vater der Nation gilt. Mit Hilfe der USA haben sie dann über Spanien gesiegt, mußten dafür aber fast 50 Jahre die amerikanische Vorherrschaft anerkennen. Also kam auch der American Way of Life früher auf die Philippinen als zu den anderen Asiaten. Das Christentum wiederum hat die Philippinen enger an das Abendland angebunden.

Heute sind die Philippinen, diese Inselnation, eine internationale Gemeinschaft. Ihre Dienste sind auch überall in der Welt gefragt. In Lateineuropa fühlen sie sich nicht fremd, die USA gar betrachten sie als ein zweites Zuhause. Die Botschaften in Amerika beziehen ihr Personal aus den Philippinen. Die erste Generation kochte und putzte und hütete Kinder. Die zweite Generation gehört zu den Aufsteigern der Gesellschaft. Ein Beispiel ist Eduardo Villanueva. Er kam 1992 nach Washington, führte Hunde aus und fuhr Diplomaten spazieren. Dann holte er seine Familie nach, die wird erst in der philippinischen Gemeinschaft untergebracht, dann fängt sie mit Gelegenheitsarbeiten an. Ein anderes Beispiel ist Luisa Aquino. Ihr Vater war noch Nachtportier in einem Hotel. Sie selbst ist bereits Assistentin in einem Elektronikkonzern.

Auf der Philippinen-Insel Cebu entstand 1565 die erste spanische Siedlung. Hier, im Zentrum der philippinischen Inselwelt, sind außer Landwirtschaft und Fischerei der Abbau von Braunkohle und Kupfererz die wichtigsten Säulen der Volkswirtschaft. Die gleichnamige Hauptstadt der Insel Cebu ist nach Manila das bedeutendste Wirtschaftszentrum und der Kulturmittelpunkt der Nation. Das Pferdetaxi kutschiert seine Fahrgäste über die Straßen von Basilan im Süden der Philippinen, eine Insel, auf der 20 Vulkane existieren.

Das Staatsgebiet der Philippinen besteht aus über 7000 Inseln, von denen nur etwa 1500 bewohnt sind. Unter den rund 55 Millionen Filipinos – eine Zusammensetzung zahlreicher ethnischer Gruppen – entwickeln sich immer wieder mehr oder weniger deutliche Auswanderungswellen. Vor allem die USA sind ein beliebtes Ziel, aber auch ein wichtiger Handelspartner. Exportiert werden unter anderem Kupfer, Zucker, Holz, landwirtschaftliche Produkte. Der Reisanbau dient in der Hauptsache der Selbstversorgung. Von den spanischen Besitznehmern im 16. und 17. Jahrhundert recht rigoros missioniert und ab 1898 im Besitz der USA, erlangten die Philippinen – nach einem Zwischenspiel japanischer Besatzung – erst 1946 ihre Souveränität. In Manila, der Hauptstadt der ansonsten katholisch geprägten Philippinen, ist das Nachtleben durchaus rege.

Nach Europa wiederum treibt die Philippinen vor allem ihr Glauben. Sie pilgern zur Marien-Erscheinung bei Mostar in Bosnien. Sie organisieren Fahrten zur Heiligen Jungfrau von Fatima in Portugal. Sie füllen die Reihen der Priester auf, die sich in Europa immer mehr lichten. Der 11. Februar, die Erscheinung der Jungfrau im französischen Lourdes, ist ein Feiertag auf den Philippinen. Die Passionsspiele in der Karwoche sind ein Fest ohnegleichen in der Welt. Und sie verehren das Kreuz von Cebu, das im Jahre 1521 von Magellan, dem Eroberer, auf die Philippinen gebracht wurde. Ich habe am 9. Januar auf Quiapo einmal das Fest des »Black Nazarene«, die Prozession für den schwarzen Nazarener, mitbekommen. Das ist eine Christusstatue, die auf dem Wege von Lateinamerika auf die Philippinen kam. Eine solche Andacht und einen solchen religiösen Eifer habe ich selten erlebt.

Wenn die Philippinen als die Diener der westlichen Welt genügend Geld zusammengebracht haben, kehren sie meist auf ihre armen Inseln zurück. Dort tragen sie zum Aufbau der Volkswirtschaft bei. Überall auf den Inseln ist auch die besondere Verbindung zu Amerika ersichtlich. Der Hollywood-Film, die Jeans und der Jazz sind hier zu Hause wie in Los Angeles. Aber anders als in den USA bieten hier viele Mädchen ihre freizügigen Dienste in Nachtlokalen, die nur für Männer gedacht sind, meistbietend feil. Das Nachtleben von Manila, der philippinischen Hauptstadt, ist so bekannt und so berüchtigt wie das in Bangkok, der Hauptstadt Thailands.

NIDO

DIE WEISSEN ASIATEN

VON VASCO DA GAMA BIS VITUS BERING

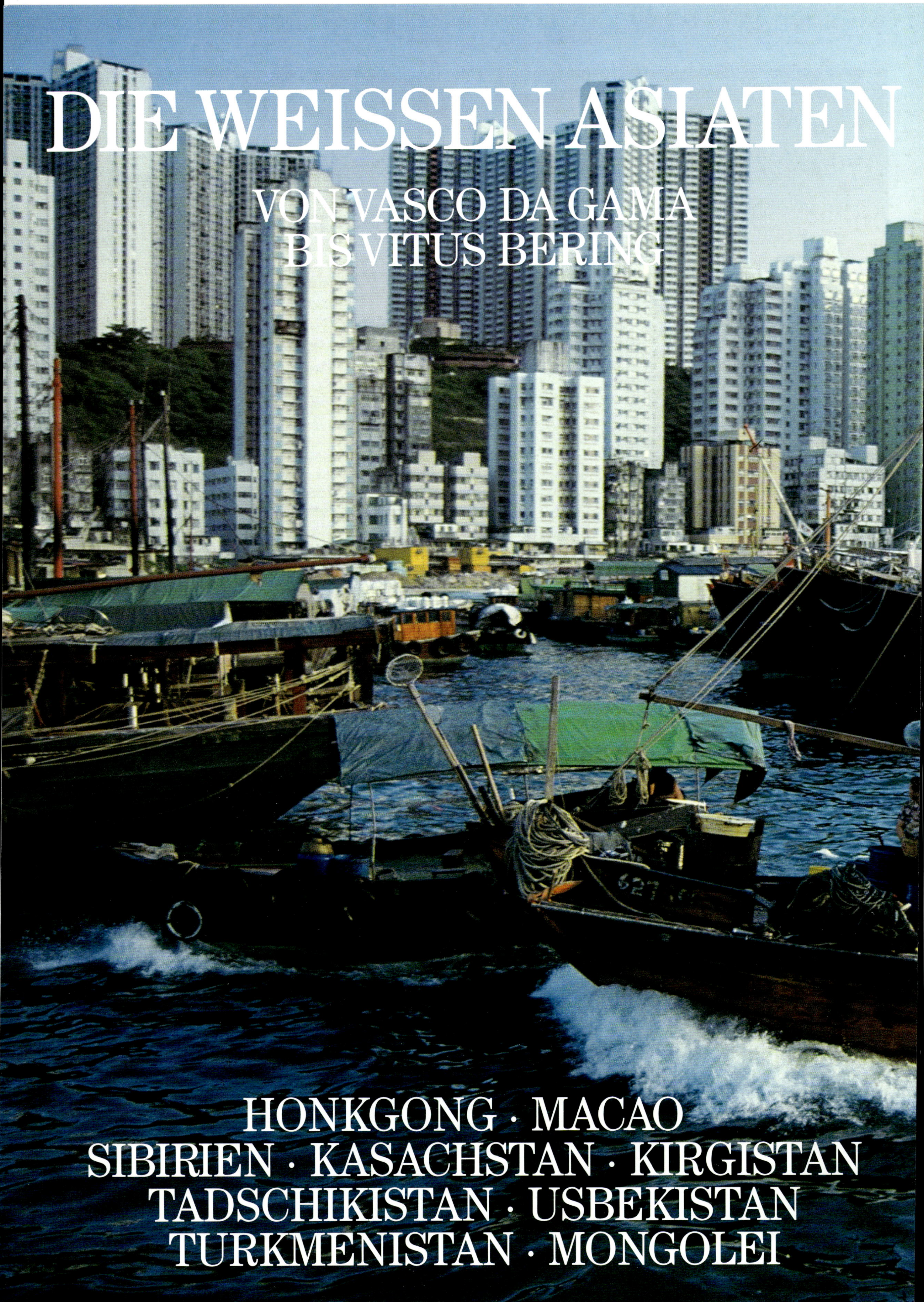

HONKGONG · MACAO
SIBIRIEN · KASACHSTAN · KIRGISTAN
TADSCHIKISTAN · USBEKISTAN
TURKMENISTAN · MONGOLEI

Blickt man auf die Skyline von Hongkong – auf den vorherigen Seiten: der Stadtteil Aberdeen – fällt es schwer, sich eine kleine Ansammlung von Fischerhütten vorzustellen, die an eben dieser Stelle vor rund 200 Jahren Hongkong ausmachten. Im Vertrag von Nanking hatte sich England 1842 den Besitz dieses Territoriums gesichert. Aus dem Fischerdorf entwickelte sich in überaus rasantem Tempo eine der bedeutendsten Handels- und Finanz-Metropolen der Welt mit ihrem berühmten Hafen, den Rikschas, der doppelstöckigen Tram und der Bank of China, ganz rechts unten zu sehen.

Das Wan Chai Post Office in Hongkong steht heute unter Denkmalschutz. Kurz nach der Jahrhundertwende erbaut, schaut das einstöckige Gebäude auf das Hafenviertel von Wan Chai mit seinen vielen Amüsierlokalen. Sie heißen »Club Venus« und »Pussycat« und rechnen mit amerikanischen Kunden, oder sie tragen Namen wie »Dai Ichi« und haben sich auf einen japanischen Kundenkreis eingestellt. Die Barmädchen lassen sich immer noch gerne einladen, und immer muß ein »Mamsan« entrichtet werden, eine Art Grundgebühr, wenn es ein längerer Abend werden soll. Die Bar mit Namen »Nam Kok« allerdings existiert nicht, obwohl sie die berühmteste von allen ist. Hier nämlich hat das Mädchen Suzie Wong jenen amerikanischen Maler kennengelernt, der im Film die »Welt der Suzie Wong« von William Holden gespielt wurde.

Hongkong ist nicht mehr so verrucht und nicht mehr so lieblich wie in dieser Welt von gestern, aber immer noch der Schnittpunkt zwischen Ost und West. Hier sind sich Asien und Europa so nahe gekommen wie sonst nirgendwo im Fernen Osten. Die Wolkenkratzer und Luxushotels zeugen vom Profit, die Flüchtlingslager und Hafenviertel von vielen unerfüllten Hoffnungen dieser Begegnung. Mit der Rückgabe Hongkongs 1997 an die Volksrepublik China ging ein europäisches Kapitel im Asienbuch zu Ende. Am 20. Dezember 1999 folgte die portugiesische Nachbarkolonie Macao, das Datum des Endes einer ganzen Ära. Es war der Seefahrer Vasco da Gama aus Portugal, der vor 500 Jahren mit seiner Entdeckungsfahrt nach Indien den kolonialen Reigen eröffnete. Mit der Rückgabe von Macao stehen die Portugiesen also am Anfang und am Schluß der europäischen Präsenz in Asien.

84
AJINOMOTO
62
大昌貿易行有限公司
DAH CHONG HONG, LTD.
KENNEDY TOWN
WESTERN MARKET
大昌貿易行有限公司
食品肉類海產特價市場
誠

au Trou Normand
FRENCH RESTAURANT
YAN KEE IVORY
IVORY MANUFACTURER WHOLESALE IMP. & EXP
OM-INTERNATIONAL LTD.
WHOLESALE PEARLS
ONE FLOOR ABOVE STREET LEVEL
SUITE A3
CONY OPT
成記兄弟公司
1/F
東方工藝廠
ORIENTAL CRAFTS FACTORY
WHOLESALE AND RETAIL
CONY OPTICAL CO. LTD.
Imperial Jade Co.
PEARL WHOLESALER & RETAILER
Henry Shih Co.

金菊
燒臘
PAC HOU TONG
FARMACIA CHINESA
百好堂
參茸補品 中藥配劑
日報
鳳城臘味專家
中大參茸行

Während Hongkong die Rückgabe voller Qualen erlebte – die Schlangen vor ausländischen Konsulaten gaben davon Kunde –, bereitete sich Macao lange und geduldig auf die chinesische Herrschaft vor. Ein bereits ausgehandelter Autonomiestatus erlaubte weiterhin das Glücksspiel, das in vier großen Kasinos betrieben wird, und im Hafen am Mündungsgebiet des Perlflusses, der aus Canton kommt, landen schon seit Jahrzehnten die Handelsdschunken aus China.

In Macao steht mit der kunstvollen Fassade der Kirchenruine von Sáo Paolo ein Monument der Verflechtung fernöstlicher und europäischer Bauelemente. Die Kirche wurde Anfang des 16. Jahrhunderts von japanischen Christen unter Leitung italienischer Jesuiten errichtet. Während in Hongkong die Begegnung von Orient und Okzident so schroff wirkt, wie sich die Wolkenkratzer am Himmel abzeichnen, mutet Macao wie ein sanfter Brückenschlag zwischen den Kulturen an. Beide einst vorgeschobenen Bastionen des Westens werden aus den verbleibenden Europäern »weiße Asiaten« machen. Sie werden eine Minderheit sein.

Nur rund 65 Kilometer östlich von Hongkong liegt die zweite »Insel des Kapitalismus« am Rande des staatswirtschaftlichen Chinas: Macao – gerade einmal 15 Quadratkilometer groß und 1597 von Portugiesen als Handelsniederlassung gegründet. Der westliche Einfluß ist auch heute noch unübersehbar: das alte Fort, die Altstadtgassen und die Kirche Sáo Paolo. Wenngleich Hongkong dem portugiesischen Macao schon früh den Rang als Wirtschaftsstandort abgelaufen hatte, immer noch sind Spielkasinos und Hunderennen Faktoren für einen florierenden Fremdenverkehr; Handel, Industrie und Hochseefischerei verschaffen Macao überdies soliden Wohlstand.

»Beherrsche den Osten« – die Bedeutung des Wortes Wladiwostok ist durchaus programmatisch zu sehen. Denn als man der Stadt 1862 diesen Namen verlieh, wurde sie zugleich Freihafen und wenig später der zentrale Stützpunkt der russischen Ostasienflotte. Bereits früh wurde das gesamte Gebiet zur Sperrzone erklärt und streng abgesichert. Der Blick über die Stadt auf den Hafen stammt aus der Zeit um 1905. Eine ostsibirische Taiga-Landschaft zeigt das Bild auf der gegenüberliegenden Seite.

Nur ein europäisches Land wird in Asien wohl auf Dauer präsent bleiben: Das ist Rußland – schon lange eine »eurasische« Nation. Im Sommer 1995 flog ich mit einer Maschine russischer Bauart von Peking nach Schanghai. Die Iljuschin war von den Chinesen gechartert worden, um den wachsenden Anforderungen im Luftverkehr gerecht zu werden. Das alte Aeroflot-Zeichen auf der Maschine war mit dem Schriftzug »Usbek Airlines« übermalt – ein Symbol für den Wandel, den auch das asiatische Rußland erlebt. Die Briten und Franzosen, die Holländer und Spanier, die Portugiesen und Amerikaner blieben in ihren Kolonien in der Minderheit, die Russen jedoch haben »ihren« fernen Osten nicht nur erobert, sondern auch besiedelt. Die ersten russischen Eindringlinge waren Pelzjäger, die bereits Anfang des 16. Jahrhunderts ihre Großfürsten mit Hunderttausenden von Raubtierfellen, mit Zobel und Hermelin, versorgten. Dann folgten die Eroberer mit Kreuz und Schwert. Sie errichteten Forts und Wehrdörfer, die sogenannten Ostrogs, Anfänge der russischen Großstädte von Jakutsk bis Wladiwostok.

Peter der Große (oben) trieb die Expeditionen gen Osten. Nicht nur reiche Beute an Tierfellen erhoffte man sich von den Eroberungen; die Suche nach dem Weg zum amerikanischen Kontinent beflügelte die Forscher. Erschlossen wurden die neuen Landesteile mit dem Bau der Transsibirischen Eisenbahn zwischen 1891 und 1904. Das historische Foto zeigt die Konstruktion einer Brücke in Sibirien.

Auch die Russen hatten ihren Christoph Columbus oder Vasco da Gama. Es war der Kosake Vasilij Pojarkow. Die Kosaken sind eigentlich kein Volksstamm, sondern eine zusammengewürfelte Truppe aus entlaufenen Leibeigenen, desertierten Soldaten, geflohenen Verbrechern und entwurzelten Bauern. Unter Vasilij Pojarkow also zogen die Kosaken im Auftrag ihres Zaren gen Osten und unterjochten die Nomadenvölker der Ewenen und Ewenken, Jakuten und Tschuktschen. Peter der Große dachte und plante noch einen Schritt weiter, nämlich über die Grenzen Asiens hinaus. 1725 erließ er auf dem Sterbebett den Befehl, den Weg nach Amerika zu suchen. Eine große Expedition unter dem Dänen Vitus Bering fand die Passage, die Asien von Amerika trennt. Die russischen Pelztierjäger fanden reiche Jagdgründe an den

Küsten Alaskas – sie rotteten die Pelzrobbe fast völlig aus. Das russische Abenteuer in Amerika endete 1867 mit dem Verkauf Alaskas für sieben Millionen Dollar an die USA! Der Plan von Peter dem Großen war den Zarenhof zu teuer gekommen. Um so eifriger stießen die Russen in die alten Reiche an der Seidenstraße vor, nahmen Taschkent 1865, Buchara 1873 und die turkmenischen Territorien Ende des 19. Jahrhunderts. Erst nach dem Zusammenbruch der Sowjetunion wurden diese Reiche wieder selbständig. Usbekistan und Kasachstan, Tadschikistan, Turkmenistan und Kirgistan regieren sich heute wieder selbst. Aber die verbliebenen Russen bilden eine starke, einflußreiche Minderheit. Diese »weißen Asiaten« sind Ingenieure und Ärzte, Wissenschaftler und Städtebauer, die von den »neuen« Staaten dringend benötigt werden.

Durch Wälder, durch Steppen und Gebirge wurden die Gleise der Transsibirischen Eisenbahn gelegt. Die Karte von 1898 aus dem Berliner Postmuseum dokumentiert den Verlauf dieses ehrgeizigen Projektes. Die Verbindung zwischen Ural und Stillem Ozean war das Ziel dieser – nicht nur für die damalige Zeit – gigantischen Anstrengung um die Infrastruktur des Reiches.

Der Präsident von Kasachstan hat 1998 die Hauptstadt seines Landes von Almaty um 1000 Kilometer nördlich nach Astana verlagert. Die reichlichen Öl- und Kohlevorkommen dagegen befinden sich im Süden von Kasachstan. Im Süden liegen auch die anderen Bodenschätze des Landes, Gold und Gas, Chrom und Kupfer. Im Süden auch siedeln die Russen, die immerhin 36 Prozent der Bevölkerung ausmachen. Der Präsident will verhindern, daß sich die Russen mit den Reichtümern der Nation unabhängig machen oder ihrem Mutterland angliedern. Eine ethnische Minderheit im Lande denkt nicht an Umzug, sondern an Auszug. Es sind die Nachkommen jener deutschen Familien, die Stalin einst von der Wolga nach Kasachstan verpflanzt hat. In Issik, etwa 50 Kilometer von der Hauptstadt entfernt, haben sie Schulen und Kirchen, Turn- und Singhallen gebaut. Aber die katholische Kirche im Dorf ist inzwischen geschlossen, und im evangelischen Pfarrhaus trifft sich gerade einmal noch ein Dutzend Gemeindemitglieder. Von den 17000 Deutschen, die allein im Bezirk Issik gelebt haben, sind nur noch 2000 da, und auch diese Zahl schrumpft weiter.

Kasachstan ist recht groß und recht reich, das Nachbarland im Süden, Kirgistan, ist beides nicht; dafür hat dieses abgelegene Bergländchen mit 4,5 Millionen Einwohnern ein anderes Gut entdeckt: die Demokratie. Präsident Askar Akajev, ein gelernter Arzt, gilt in den neuen Staaten im moslemischen Gürtel unterhalb Rußlands als eine Art John F. Kennedy. Sein Geheimnis ist eigentlich keines: »Ich mußte nur die traditionelle Freiheitsliebe und Selbstbestimmung Kirgistans neu wecken, da war der Sprung zur Demokratie nicht groß.« Kirgistan ist ein demokratisches Nachfolgemodell in der früheren Sowjetunion. Eine Art Gegenmodell hat sich in der nächsten der kleinen Republiken entwickelt. In Tadschikistan kämpft jeder gegen jeden, und die Nachbarn, von den Afghanen bis zu den Usbeken, kämpfen kräftig mit. Hier mußte die Regierung wieder um den »Schutz« Moskaus nachsuchen – auch wenn man den vielleicht nicht mehr loskriegt.

Kasachstan – links die Kathedrale von Almaty und darunter das Musikinstrumenten-Museum dort – ist ein rohstoffreiches Land und ebenso moslemisch geprägt wie das benachbarte Tadschikistan. Impressionen aus Duschanbe, der Hauptstadt Tadschikistans zeigen die Bilder unten; darüber: das Ramit-Naturreservat und der Gissar-Bergrücken.

Steppen, Wüste, Hochgebirge und einige fruchtbare Landstriche prägen Usbekistan, wie Kasachstan und Tadschikistan ebenfalls eine ehemalige Sowjetrepublik, die nun ein autonomer Staat ist. Neben dem Abbau von Rohstoffen – vor allem Erdöl und Erdgas – spielen die Landwirtschaft, die Weiterverarbeitung ihrer Produkte und auch die Seidenraupenzucht eine bedeutsame Rolle für die Volkswirtschaft der jungen Republik. Die Bilder rechts zeigen den Registanplatz in Samarkand, die nahegelegene Gräberstraße und eine Marktszene in der Hauptstadt Taschkent.

In der Mitte dieser fünf neuen zentralasiatischen Republiken liegt Usbekistan. Und in der Tat lag hier auch einmal ein Zentrum der damaligen Welt: In Samarkand herrschte der große Khan Tamerlan, Taschkent war der Umschlagplatz auf der alten Seidenstraße, die von China zum Mittelmeer reichte. Die Usbeken von heute haben nicht nur ein Gefühl für die zentrale Lage ihres Landes, sondern auch das Ziel, es wieder zu einem Geschäftszentrum voranzutreiben. Die Russen hatten aus Taschkent eine graue Kasernenstadt gemacht, die Einwohner von heute streichen sie bunt an und putzen sie in Gold und Gelb heraus. Eine autoritäre, aber recht gut funktionierende Regierung steckt den Rahmen für ausländische Investitionen; und eine Schar von Intellektuellen, die das sozialistische Desaster überlebt hat, bestimmt eine neue Denkart, schreibt eine neue Literatur. Ihr berühmtester Poet, Jamal Kamal, faßt dieses neue Selbstbewußtsein zusammen in dem Satz: »Usbekistan gehört jetzt den Usbeken.«

Den bisher größten Schritt heraus aus der Abhängigkeit von Rußland haben die fünf neuen Staaten in Zentralasien im Mai 1996 getan. Zusammen mit dem Iran und China haben sie die letzte Lücke einer Eisenbahnstrecke geschlossen, die von Istanbul bis Schanghai reicht – eine moderne Seidenstraße.

Nicht nur außerhalb, sondern auch innerhalb Rußlands kämpfen die einst unterdrückten asiatischen Völker und Stämme um ihre Existenz oder gegen den großen russischen Bruder. Die Tschetschenen liefern ein blutiges Beispiel. Chancen auf die Unabhängigkeit rechnen sich auch die Tataren aus. Sie sind die Nachkommen der mongolischen Horden Dschingis Khans, sie hatten sich an der Wolga festgesetzt und eine der schönsten Städte Eurasiens gebaut: Bulgar. Nicht weit davon liegt ihre jetzige Hauptstadt Kasan, zweifellos eine der anmutigsten Metropolen an der Wolga. Die Tataren teilten im Zweiten Weltkrieg das Schicksal der Rußlanddeutschen; sie wurden als Kollaborateure Hitlers verfolgt, dezimiert oder nach Kasachstan verbracht. Anders als die Tataren wollen viele Rußlanddeutsche heute das Vaterland verlassen, das Katharina die Große, geboren in Deutschland, ihnen einst geboten hat. Auch diese blonden und blauäugigen deutschen Rückwanderer gehören zu der besonderen Gruppe der weißen Asiaten. Sie müssen sich zwischen den Welten zurechtfinden, werden nicht mehr zum Abendland gezählt, aber auch nicht als Orientalen. Ich habe diese Gratwanderer überall in Asien getroffen: Elisabetha Lange, zum Beispiel, auf dem Flughafen von Chandyga; sie wußte nicht, wo sie zu Hause war, obwohl ihre Vorfahren bereits vor 150 Jahren nach Rußland

kamen; oder John Oshima, der in den USA geboren wurde, in die Heimat seiner Väter, nach Japan, zurück wollte, aber ihre Sprache nicht verstand. Ich traf eine Inderin mit Namen Amitraj, die in England erzogen worden war und nun einem indischen Mann angetraut werden sollte – von ihren Eltern vermittelt –, und einen Journalisten von Radio Free Europe in München, der in das Land seiner Ahnen, nach Kirgistan, zurückkehrte und dort das neu gegründete Historische Institut leitet. Schließlich Wassilji Kladkin, ein früherer Sowchosenchef in Jakutien, der einst über die Rentierherden in der Taiga wachte und nun eine japanische Firma überzeugen konnte, in Jakutien eine Fabrik für Rentierfleisch aufzumachen. Mit dem ersten Geld ist er in das Land seiner Träume, die USA, ausgereist.

Zwischen Asien und dem Westen ist es zu einer Verflechtung gekommen, die noch vor einem halben Jahrhundert weder hier noch dort denkbar gewesen wäre. Diese Verflechtung beruht nicht mehr auf der Abhängigkeit des einen Erdteils von den anderen, sondern auf der Basis der Gleichachtung hüben wie drüben. Sie erst signalisiert das Ende des Kolonialzeitalters – mehr als auslaufende Verträge über Hongkong und Macao und mehr als dies die Rückgabe von Tsingtau an die ursprünglichen Besitzer unterstrichen hat.

Ulan Bator, links oben zu sehen, ist die Hauptstadt der 1924 gegründeten Mongolei und das Industrie- und Wissenschafts-Zentrum des Landes. Noch heute hat die Jagd in den immensen Weiten und vielfältigen Landschaften Asiens für viele Menschen eine zentrale Bedeutung. Die jahrhundertealten Gebräuche und Traditionen werden jedoch mehr und mehr von der Moderne überdeckt.

Schon auf den ersten Blick ist es unverkennbar, und die Szenerie der Stadt am Gelben Meer wirkt geradezu irritierend: Die Architektur-Elemente oder der Blick auf die Altstadt – Tsingtau verrät überdeutlich, daß hier einst Deutsche ihre Spuren hinterließen. Rund anderthalb Millionen Menschen leben heute dort, wo 1898 der Vertrag geschlossen wurde, der Deutschland für 99 Jahre die Pacht sichern sollte. Doch 1914 wurde Tsingtau von Japan besetzt und 1922 wieder an China zurückgegeben. Inzwischen schreibt man den Namen des einst weltabgeschiedenen Fischerdorfes nach internationaler Übereinkunft Qingdao.

QINGDAO

Ein deutscher Traum

Pan Liu ist ein vielbeschäftigter Mann. Der Stadtarchitekt der Millionenstadt Qingdao – von den Deutschen einst Tsingtau genannt – hetzt von einem Termin zum anderen. Rund um den alten Stadtkern entstehen Satellitenstädte, an der Küste sprießen neue Hotels aus dem Sandboden, und am Bergrand ist ein Golfplatz geplant. Pan Liu hat selbst die neue Universität entworfen und das Kongreßzentrum als Projekt betreut. Qingdao baut um die Wette mit der 600 Kilometer entfernten Metropole Schanghai. Die Bauherren kommen vor allem aus Südkorea, Singapur, Japan und Taiwan.

Pan Liu sorgt dafür, daß der Baustil sich den historischen Begebenheiten anpaßt. Und deshalb krönt gar manches Mammutprojekt ein deutsches Giebeldach, klebt imitiertes Fachwerk auf den Mauern neuer Wohnsiedlungen, ist für einen neuen Villenvorort Jugendstil vorgeschrieben. Der Verwaltungsneubau im Stadtzentrum ist ein Duplikat des wuchtigen klassizistischen Gebäudes aus den Jahren vor dem Ersten Weltkrieg, und die alte Post bekommt wieder einen gelben Anstrich. Der einst von den Deutschen gebaute Bahnhof wurde liebevoll wiederhergerichtet und der ehemalige Gouverneurspalast zum Hotel umgebaut. Ein getäfelter Saal mit prächtigen Kronleuchtern erinnert an die Feste der hohen Militärs, und auf den Möbeln ist noch der Name des Stuttgarter Hoflieferanten zu erkennen. Im üppigen Bett des Gouverneurs hat danach der japanische Stadtkommandant geschlafen. Später hat sich auch Mao Tse-tung im deutschen Dekor wohlgefühlt. Vor dem Kaiser-Wilhelm-Ufer ist eine Freizeitanlage entstanden, die »Höchste Gesundheit« heißt. Und auf der Prinz-Heinrich-Straße verkehrt die Buslinie 4. Am Strand vor den ehemaligen deutschen Badehäusern tummeln sich am Wochenende Brautpaare, wegen der guten Fotomotive für die Jungvemählten. Das ehemalige deutsche Offizierskasino ist heute ein Karaokeclub, und in der renovierten katholischen Kathedrale ist die Sonntagsmesse eine feierliche Angelegenheit – die Gemeinde zählt immerhin 3000 Seelen. Die Kirche hat das Wüten der roten Garden in den 1960er Jahren heil überstanden.

Hausfassaden, Kirche und sogar das Strandpanorama: wären nicht die Menschen und einige Schriftzeichen, die Bilder könnten in einer deutschen Mittelstadt entstanden sein.

Ein wenig erinnern sie an Pickelhauben, die blechernen Spitzen auf den Gauben. Sie stammen, wie auch die katholische Kirche Tsingtaus, aus der Zeit deutscher Besatzung.

Tsingtau liegt strategisch günstig am Eingang der Kiautschoubucht. Mittlerweile ist die Hafenstadt ein Zentrum für Meeresbiologie und Ozeanographie; auch das Institut für Fischereiforschung in Tsingtau hat sich einen überregionalen Ruf erworben.

Es war die Mißhandlung und Ermordung von deutschen Missionaren, die dem deutschen Reich Ende des 19. Jahrhunderts den Anlaß gab, sich ein Stück China am Gelben Meer zu greifen. Deutschland reihte sich erst spät in die Front der Kolonialmächte ein, dafür um so intensiver. Kaiser Wilhelm wollte aus Tsingtau einen Modellfall für Asien machen, ließ eine Stadt für 60 000 Einwohner bauen mit einer eigenen Chinesenenklave dazu. Es war die erste Chinatown mit Kanalisation.

Architekt Pan Liu verweist darauf mit Stolz. Die Chinesen pflegen das deutsche Erbe, betrachten es als Teil ihrer Geschichte. Deutsche Andenken und Puppenhäuser im deutschen Kolonialstil sind begehrte Mitbringsel für die chinesischen Stadttouristen von heute. Das Prunkstück der Deutschen war der Hafen. Von hier aus sollte die Asienflotte zu weiteren Eroberungen auslaufen. Aber schon im ersten Jahr des Ersten Weltkriegs war es mit der deutschen Herrlichkeit zu Ende: Im Verbund mit den Briten stürmten die Japaner die Feste Tsingtau. Es war ein ungleicher Kampf: 65 000 Japaner gegen 4000 Deutsche. Die verbliebenen Schiffe der deutschen Flotte sprengten sich selbst, die Garnison ging in Gefangenschaft. Nur ein Mann konnte der Festnahme entkommen. Es war der Pilot des einzigen deutschen Flugzeuges. Mit seiner Rumpler-Taube hüpfte Günter Plüschow über die feindlichen Linien und kämpfte sich nach Hause durch. Seine Abenteuer hatte Günter Plüschow in einem Buch verewigt, das bis heute hohe Auflagen verzeichnet: »Der Flieger von Tsingtau«.

Nicht nur zahlreiche Bauwerke Tsingtaus erinnern an die einstigen deutschen Kolonialherren, auch die Biermarke »Tsingtau« ist ein Relikt dieser Ära. Die malerisch gelegene Stadt, die über einen der funktionellsten natürlichen Häfen Chinas verfügt, hat sich auch zu einer beliebten Bad- und Kurstadt gemausert.
Auf der rechten Seite ein Bauwerk aus dem Lu-Xun-Park.

Es war der deutsche Geograph Ferdinand von Richthofen, der im Jahre 1880 die strategisch günstige Lage des Hafens am Gelben Meer erkannte, weil die Kohlengruben im Hinterland genügend Treibstoff für die Flotte garantierten. Heute noch transportieren Dampfloks deutscher Fabrikation das schwarze Gold zur Küste. Ins Geschäft eingestiegen ist der ehemalige Schreinerlehrling Li Peng. 1984 hat er sich 20 000 Dollar geliehen und damit ein Handelsimperium aufgebaut, das ihn zum Millionär machte. Mit Frachtern aus Taiwan betreibt er nunmehr einen florierenden Export. Deutsche sind auch wieder nach Qingdao gekommen. Herbert Carran hat eine Hotelkette mitaufgebaut. Volkswagen produziert im Hinterland der Provinz. Deutsche Brauer aus Hamburg und Weihenstephan betreuen die größte Brauerei in der Stadt. Mit dem klaren Wasser aus dem nahegelegenen Lauschan-Massiv brauten die Deutschen schon 1903 Bier, erstmals in China überhaupt. Und immer noch heißt die Biermarke »Tsingtau«, während der chinesische Name der Millionenstadt am Gelben Meer in der internationalen Schreibweise doch längst als »Qingdao« wiedergegeben wird.

Übrigens, im Jahre 1997 wäre der Pachtvertrag über die deutsche Enklave sowieso abgelaufen, etwa zeitgleich mit dem Ende des Kolonialzeitalters.

REISEZIEL ASIEN

FREUNDLICHE MENSCHEN, FREMDE SITTEN

Was uns unbekannt ist, macht uns nicht selten angst. Und was uns vertraut vorkommt, löst womöglich bei anderen Volksgruppen ganz unerwartete Gefühle aus. Das Wat Mahathat im thailändischen Sukhotha (Seiten 182/183), eine Japanerin beim traditionellen Gion-Fest (oben), rechts eine Braut aus der japanischen Provinz Honshu und die Herstellung der Sonnenhüte aus Palmwedeln in Vietnam – all diese unterschiedlichen Momente verweisen auf die ebenso reiche wie vielgestaltige Kulturgeschichte Asiens, die fest im Leben der Asiaten, gleich welcher Nationalität, verankert ist. Eine tiefe Bedeutung in der Geschichte Japans hat der Fuji-san, der Berg, den wir im Westen Fudschijama nennen.

Der Zufall wollte es, daß ich kurz vor Redaktionsschluß dieses Buches mit zwei deutsch-asiatischen Paaren in München zusammensaß. Die Braut des einen stammte aus Japan, die Ehefrau des anderen aus Schanghai in China. Natürlich wollte ich wissen, wie es den beiden Frauen in deutschen, genauer: bayerischen Landen denn so ergangen sei. Shonhue aus Schanghai war beeindruckt von der Traditionsverbundenheit in ihrem Gastland: Trachten, Schuhplattler und Grüß-Gott. Für sie waren wir die Exoten.

Keiko aus Japan wurde von ihren Freunden gewarnt, einen »Gaijin«, einen Fremden, zu heiraten. Erst als sie die Eltern ihres »Zukünftigen« kennen und schätzen gelernt hatte, war sie bereit, mit ihm nach Deutschland zu gehen. Die beiden Beispiele zeigen, daß nicht nur wir in Asien »fremdeln«, das Phänomen existiert gleichermaßen umgekehrt. Mit einem solchen Bewußtsein ausgestattet ist es einfacher, auf Tour in Asien zu gehen. Mein Schlüsselerlebnis geschah in Borneo: Nach mühseliger Arbeit vor Ort saß ich mit zwei malaiischen Begleitern in einem geschlossenen Kleinbus. Plötzlich wollten beide unbedingt aufs Dach des Fahrzeugs. Wie sich herausstellte, hielten es die Malaien mit uns und unserer Ausdünstung nicht mehr aus. Asiaten schwitzen weniger als wir. Wir sind sozusagen au gout.

Die Religionen und philosophischen Geisteshaltungen spielen in den Ländern Asiens eine bedeutsame Rolle. Ob Buddhisten, Hinduisten, Shintoisten, Sikhs, Moslems oder Christen – das Festhalten am Glauben ist hier überwiegend – ausgeprägter als im Westen. Gleichwohl liefern die unterschiedlichen Bekenntnisse auch heute noch Zündstoff für tiefgreifende Konflikte.

In einem Kurzführer über Burma vom April 1944 gab das amerikanische Verteidigungsministerium den Soldaten folgenden Rat mit auf den Weg: »Die Burmesen sind von einer Sauberkeit, die das Gesicht manches Amerikaners erröten lassen. Für die Burmesen ist jeder Tag ein Samstag … sie waschen sich täglich, und wenn es nur mit einer Schüssel Wasser ist. Sie erledigen ›private‹ Dinge auch immer abseits. Nehmen Sie sich ein Beispiel daran.«

In diesem »Pocket-Guide to Burma« heißt es weiter: »Wenn Sie einen Burmesen nach dem Weg fragen, wird er Ihnen immer eine Auskunft geben, ganz gleich, ob er Bescheid weiß oder nicht.« Tatsächlich ist es überall in Asien besonders wichtig, das Gesicht zu wahren – ein freundliches Gesicht dazu. Und nichts schadet dem Image des Fremden mehr als die Ungeduld. Reißt ihm der Geduldsfaden, ist es ganz aus.

Die meisten Asiaten sind gläubig, gleich ob sie an Buddha, Mohammed oder Christus glauben. Über allem aber steht das, was wir in Europa Aberglauben nennen. Wenn Sie ein Geschenk machen wollen, spielen Zahlen eine große Rolle und bei Blumen die Farbe. Eine ungerade Zahl darf es nicht sein, vor allem die Sieben nicht, sie bedeutet Unglück, eine Acht hingegen gilt als glücksbringend. Bei Blumen ist Rot bevorzugt, Weiß ist die Todesfarbe. Mit acht prallen Orangen habe ich bisher immer Dankbarkeit erfahren. Asiaten erkundigen sich aus Freundlichkeit stets nach Ihrem Wohlbefinden und Ihren Erlebnissen, erzählen Sie aber zu ausführlich, kommen Sie leicht in den Ruch, prahlerisch oder klatschsüchtig zu sein.

Der Glaube ist in Asien beinahe allgegenwärtig. Das Bild oben zeigt einen Sikh-Pilger; links ist eine Buddha-Statue im Polin-Kloster im westlich geprägten Hongkong zu sehen; die Zettel am Rhododendronbusch sind Orakelsprüche, die der Fotograf im japanischen Kyoto entdeckte.

Die Kulturen des Essens sind so verschieden wie die jeweiligen Länder Asiens. Ob exotische Frucht oder typisch-moslemisches Festmahl – gesehen in Karachi – das Fremde lohnt eine Probe.

Wenn Sie eingeladen sind, sollten Sie verkosten, was Ihnen angeboten wird, aber keinen Gang aufessen. Denn das bedeutet, daß Sie nicht satt zu kriegen sind. In den meisten asiatischen Ländern ißt man mit Stäbchen. Das ist zwar umständlich für den Fremden, aber dabei beschert jeder Bissen einen Einzelgenuß – Vermischtes, wie es zum Beispiel die französische Küche bietet, gilt als proletarisch. Wenn man sich zu gestenreich für eine Einladung oder eine Vorführung bedankt, gilt man als unfein.

In den besonders frommen oder noch sozialistischen Ländern gibt es kein Nachtleben, wie wir es kennen, dafür die organisierte Folklore. Folgerichtig ist ein Erlebnis immer ein Massenerlebnis und keine individuelle Erfahrung. In echte Bedrängnis kam ich vor Jahren, als mir bei einem Chinabesuch die Visitenkarten ausgegangen waren. Ein Mensch ohne Visitenkarten macht einen unbedeutenden Eindruck. Geschäftsgespräche gestalten sich schwierig, wenn man zu fordernd ist, dann folgt zwar bald kein Widerspruch mehr, doch bedeutet dies keineswegs Zustimmung.

Ginza, das Geschäfts- und Einkaufsviertel in Tokio, darunter: Tänzer beim Punakha-Dromche-Fest in Bhutan und Skulpturen vor dem Revolutionsmuseum in Pjöngjang.

Die Lotusblume, das Symbol des Buddhismus, sie wurzelt im Schlamm und erhebt sich in vollendeter Reinheit. Damit wird sie gleichsam zum Vorbild, den Weg zur Vollendung anzutreten.

Mir ist allerdings immer wieder aufgefallen, daß asiatische Begleiter, Gastgeber oder auch Zufallsbekannte Verstöße gegen ihren Sittenkodex dann verzeihen, wenn man um Rat fragt und somit dem Gegenüber eine Vertrauensrolle zuweist. In kaum einem asiatischen Land wird der Fremde abgewiesen, der Lernbereitschaft zeigt. Die Annäherung kommt von selbst, aber nur mit der Zeit. Paul Theroux, der Asien mit der Bahn bereiste, schildert noch einen einfacheren Weg, »das Land einfach an sich vorbeiziehen zu lassen, wie einen ungeschnittenen Film«. Dann ist Asien eine Prozession von Rikschas, Eselskarren, verhüllten Frauen und Lastenträgern, aber auch von Wolkenkratzern, Luxuslimousinen, Frauen in Seide, Herren in Nadelstreifen, goldenen Pagoden und eigentlich allen Naturwundern, die unsere Erde bieten kann.

Beim Mondkuchenfest in Suchow, das Marco Polo mit Venedig verglich, schenkte mir eine würdige alte Dame ein Kugelspiel namens »Ying-Yang«, was soviel wie »Gut und Böse« bedeutet. Das Ying-Yang hängt nun neben einer vergilbten Ansichtskarte aus Asien in einem deutschen Arzt-Wartezimmer. Man muß Geduld mit Asien haben, um es richtig zu mögen, dann aber läßt einen die Liebe zu diesem Kontinent nicht mehr los.